SUR LA POSSIBILITÉ
DE LA CONNAISSANCE HUMAINE

DANS LA MÊME COLLECTION

Translatio
Philosophies Médiévales

Directeurs : Jean-Baptiste BRENET et Christophe GRELLARD

HENRI DE GAND

SUR LA POSSIBILITÉ
DE LA CONNAISSANCE HUMAINE

Textes latins introduits, traduits et annotés
par

Dominique Demange

Paris
LIBRAIRIE PHILOSOPHIQUE J. VRIN
6, place de la Sorbonne, V^e
2013

© *Librairie Philosophique J. VRIN,* 2013
Imprimé en France

ISSN 1779-7373
ISBN 978-2-7116-2525-3

www.vrin.fr

PRÉSENTATION[1]

On situe la date de naissance probable d'Henri de Gand entre 1217 et 1223. Il fut maître à la faculté des arts de la Sorbonne jusqu'en 1270, puis maître régent de la faculté de théologie de Paris de 1276 à 1292. Il est nommé archidiacre au diocèse de Tournai en 1279, charge qu'il assumera jusqu'à sa mort, le 23 Juin 1293. La tradition l'a honoré du titre de Docteur Solennel.

La production littéraire d'Henri de Gand[2] est dominée par deux œuvres majeures: 1) une *Somme Théologique* monumentale, réalisée à partir de la matière de son enseignement régulier à la faculté de théologie (questions « ordinaires ») – cette *Summa* est restée inachevée: du plan initial, seule la première partie, portant sur Dieu, a été réalisée, tandis que la seconde devait porter sur les créatures; 2) une série de quinze *Quodlibets* – on désigne par ce terme des questions disputées

1. Ce travail a considérablement bénéficié des remarques, suggestions et corrections d'Olivier Boulnois, Jean-Baptiste Brenet et Christophe Grellard. Pour leur aide précieuse, qu'ils soient vivement remerciés.
2. L'édition critique des œuvres d'Henri de Gand est en cours: voir bibliographie en fin de volume.

sur divers sujets, qui étaient soumises au maître pendant l'Avent et au Carême (questions « extraordinaires ») Le texte dont on trouvera la première traduction française ci-dessous est celui du prologue et des trois premières questions de la *Summa (Quaestiones ordinariae)*.

Henri de Gand est désormais reconnu comme une figure majeure de la pensée médiévale. Il n'est guère possible d'étudier la moindre question de théologie dans la seconde moitié du XIIIe siècle, et tout particulièrement chez Jean Duns Scot, sans se référer aux positions de ce maître qui a dominé l'université de Paris pendant plus de quinze ans. L'étude de l'œuvre d'Henri de Gand est cependant souvent rendue difficile par son étendue, sa complexité interne, autant que son style philosophique propre – style dont le lecteur trouvera un bon exemple dans les questions traduites ici. La comparaison avec la *Somme Théologique* de Thomas d'Aquin produit à cet égard un résultat saisissant. Alors que le Docteur Angélique divise et subdivise, de façon analytique, chaque article en questions élémentaires dont chacune pourra ainsi faire l'objet d'une réponse concise, dans sa *Summa* Henri de Gand progresse, de question en question, comme par enveloppement, dégageant les présupposés et implications du problème posé, non sans s'autoriser de longues explications ou digressions, et pour renvoyer bien souvent le lecteur à des développements ultérieurs pour une détermination plus complète de la question posée. Chaque question est davantage une nouvelle perspective ouverte sur un sujet que sa simple détermination ; le lecteur est renvoyé d'emblée à sa complexité essentielle, il doit rapidement renoncer à une lecture simplement informative, se trouvant très vite plongé dans les difficultés propres du sujet.

La possibilité du savoir

La *Somme Théologique* d'Henri de Gand s'ouvre sur un massif de trente-neuf questions visant à établir la possibilité, la nature et les modalités du savoir humain. Un tel prologue était à l'époque, par sa nature et son ampleur, tout-à-fait inédit pour une somme de théologie. Le premier article, constitué de douze questions, porte sur la question de la possibilité de la connaissance (*De possibilitate sciendi*). Les trois premières questions que nous traduisons ici ne constituent donc qu'une petite partie d'un ensemble qui dépasse les trois cent soixante dix pages dans son édition critique. Si l'on y ajoute de surcroît les nombreux textes qui, tout au long de la *Summa* ou des *Quodlibets*, traitent de points particuliers touchant à la science, la connaissance ou la théorie de la vérité, il apparaît qu'Henri de Gand a consacré beaucoup d'énergie à l'élaboration d'une épistémologie qui fera date. Elle sera en effet très largement assimilée et critiquée jusques dans les premières décennies du XIVᵉ siècle.

Dans le domaine de la théorie de la connaissance, Henri de Gand est l'héritier d'une grande tradition médiévale, illustrée par des théologiens comme Robert Grosseteste, saint Bonaventure ou Mathieu d'Acquasparta, tradition que l'on désigne parfois du terme quelque peu barbare d'*exemplarisme*. La question est de savoir dans quelle mesure et selon quelles modalités les idées divines – les formes exemplaires ou archétypes qui sont les modèles parfaits des choses et qui se trouvent à l'origine de leur création – sont nécessaires à la vérité et la certitude de la connaissance humaine présente. L'origine d'une telle question se trouve chez saint Augustin, dans sa doctrine du Christ maître : le Verbe de Dieu seul enseigne et peut enseigner, non seulement dans l'ordre surnaturel des vérités de la foi, mais aussi dans l'ordre des vérités purement rationnelles[1]. A elle seule, cette thèse augustinienne ne peut cependant expliquer le développement puis la crise de l'exemplarisme au cours du XIIIe siècle. L'exemplarisme ne connaîtra un développement théorique de plus en plus complexe, pour se cristalliser enfin en un véritable problème philosophique et théologique, qu'à la faveur de la rencontre entre 1) cette thèse augustinienne du Verbe divin comme source de toute vérité pure et certaine (*sincera veritas*); 2) la théorie de la connaissance rationnelle naturelle développée par Aristote dans son *Traité de l'âme* et ses *Seconds analytiques*; 3) la réactivation, initiée par Henri de Gand dans les questions que nous traduisons ici, du scepticisme antique comme doctrine philosophique; 4) la question de la possibilité, du fondement et de l'autonomie d'une connaissance humaine purement naturelle (*ex puris naturalibus*), question qui agitait singulièrement les esprits dans les années 1270.

Un éventuel conflit entre Aristote et Augustin sur l'origine de la connaissance rationnelle demeurera en effet inapparent ou superficiel tant que l'on n'opposera pas la raison naturelle et la raison divine. La vérité étant une et indivisible, il ne saurait y avoir de distinction véritable entre la vérité acquise par l'exercice naturel de la raison humaine et la même vérité prise à sa source, dans la pensée divine. Pour Thomas d'Aquin, il s'agit même d'un principe essentiel sans lequel il serait

---

1. Sur la signification de cette thèse dans la pensée augustinienne, voir en particulier J.-L. Chrétien, *Saint Augustin et les actes de parole*, Paris, P.U.F., chap. 9, p. 105-112.

impossible de concilier la connaissance naturelle et la connaissance révélée :

> La connaissance des principes qui nous sont naturellement connus nous est donnée par Dieu, puisque Dieu est l'auteur de notre nature. Ces principes sont donc inclus également dans la sagesse divine. Donc, tout ce qui contredit ces principes contredit la sagesse divine. Or cela ne peut se réaliser en Dieu. Tout ce que la révélation divine nous demande de croire ne peut donc être contraire à la connaissance naturelle [1].

En créant notre nature, Dieu nous a donné la raison, il nous a donné *sa* raison. Il nous a dotés de la lumière naturelle de l'intellect agent; c'est dans cette lumière que nous accédons à la connaissance des premiers principes de la connaissance rationnelle pure et c'est dans cette lumière que nous progressons dans la connaissance scientifique. L'*exemplarisme*, tel qu'il se développe dans le milieu franciscain de la première moitié du XIIIe siècle, ne résulte donc pas du simple effet d'une influence augustinienne plus forte qu'ailleurs. C'est seulement en examinant les points de désaccords sur la théorie de la vérité et du jugement rationnel dans leur ensemble que l'on peut voir le «problème» de l'exemplarisme médiéval se constituer [2]. De fait, dans la première moitié du XIIIe siècle, il n'est guère de théologien qui ne reconnaisse la nécessité d'une intervention de Dieu dans la connaissance humaine, ne serait-ce que sous la forme d'une illumination ou influence générale. Dans les questions que nous traduisons ici, Henri de Gand

---

1. Thomas d'Aquin, *Somme contre les gentils*, I, 7.
2. Ce point avait été remarquablement analysé par J. Rohmer, « La théorie de l'abstraction dans l'école franciscaine, d'Alexandre de Halès à Jean Peckam », AHDLMA, 3, Paris, Vrin, 1928, p. 105-184.

la définit comme « l'influence générale du premier Intelligent, qui est le premier agent dans toute action intellectuelle et cognitive, de même que le premier moteur agit en tout mouvement d'une chose naturelle. » (q. 2, n. 12). L'influence générale de Dieu dans la connaissance, ainsi définie, ne se distingue pas de la lumière naturelle de la raison, de la même façon que l'action du premier moteur sur l'ensemble du monde physique relève d'un processus purement naturel. En conséquence, si Henri de Gand ne trouve pas que cette « illumination générale » soit suffisante, c'est pour des raisons que l'on peut sans doute qualifier de « théologiques », mais qui tiennent en même temps à sa théorie de l'abstraction et à sa conception du jugement rationnel. La nécessité d'une « illumination spéciale » qui vienne compléter (comment ?) l'illumination générale de Dieu dans la connaissance humaine trouve son origine dans la *conviction* que le jugement rationnel ne peut trouver dans le processus aristotélicien d'abstraction un fondement suffisant. C'est donc toute une conception de la raison elle-même, de sa nature, qui est en jeu dans cette question – loin qu'il s'agisse, comme on a pu parfois le présenter, d'une simple réaction de théologiens traditionnels (augustinisants) contre la poussée de la nouvelle théologie rationaliste (thomiste).

Henri de Gand, le sceptique fantôme, et les condamnations de 1277

Dans le *Prologue* de sa *Somme Théologique*, Henri de Gand nous explique que pour établir la scientificité de la théologie, il est nécessaire de partir de la question de la nature et de la possibilité de la connaissance humaine, et en vue de cela-même, de réfuter auparavant ceux qui soutiennent « que rien ne peut être connu », c'est-à-dire que « toutes choses sont incertaines ». Bref, il faut commencer par réfuter le *scepticisme*. D'où vient cette nécessité, qui n'avait guère inquiété les prédécesseurs d'Henri ? Pourquoi la question du scepticisme devient-elle tout-à-coup à ce point importante, que son examen doit précéder celui de toutes les questions de la théologie ? Et qui sont ces sceptiques, qui menacent les fondements du savoir ?

Il n'y a pas de sceptiques au Moyen Âge[1] ; une telle réfutation du scepticisme ne pouvait donc s'adresser à des adversaires réels : ainsi que nous le verrons bientôt, il s'agit de la part d'Henri de Gand d'une reconstitution, à partir des quelques sources dont il disposait sur le scepticisme antique. Dans ces conditions, on est véritablement en droit de se demander quel intérêt le maître gantois pouvait avoir à reconstituer de toutes pièces le scepticisme en doctrine, si pour ainsi dire personne, à la Faculté des Arts ou à la Faculté de Théologie, n'aurait imaginé pouvoir s'en réclamer, ni même ne s'y intéressait vraiment. Une réponse convaincante à cette question apparaît si l'on examine la fonction de l'argumentaire sceptique dans la démonstration d'Henri de Gand. Dans la mesure, en effet, où le but déclaré d'Henri est de justifier de la

---

1. A l'exception peut-être de Jean de Salisbury (1130-1180). Voir C. Grellard, « Jean de Salisbury. Un cas médiéval de scepticisme. » *Freiburger Zeitschrift für Philosophie und Theologie*, 54 (2007), 16-40. Le terme « scepticisme » n'existe pas en latin scolastique, pas davantage que la chose, c'est-à-dire l'idée d'une philosophie sceptique ; mais cela n'exclut pas que des arguments de nature sceptique aient été discutés aux XIIe et XIIIe siècles. A cet égard, les questions d'Henri de Gand présentées ci-dessous marquent une étape décisive dans la prise de conscience que le scepticisme pourrait bien constituer une position cohérente, nécessitant un examen épistémologique conséquent.

possibilité et de la nécessité du savoir théologique, l'examen du scepticisme ne vise nullement à contrer d'improbables sceptiques qui menaceraient les fondements du savoir, mais vise au contraire à montrer que la connaissance purement naturelle est à elle seule incapable de s'extraire des griffes du scepticisme. Henri ne procède, dans les pages que l'on va lire ci-dessous, à la reconstitution et réfutation du scepticisme antique, que dans le but de montrer que la raison naturelle est à elle seule incapable d'y échapper. La connaissance purement philosophique, fondée sur la seule raison naturelle, ne peut se prévaloir de la certitude que prétendent les philosophes. Si l'homme ne s'en remet qu'à ses seuls moyens naturels de connaissance, aux seules ressources naturelles de sa nature (*ex puris naturalibus*), alors il ne bâtira sa science que sur du sable. S'il sait, en revanche, que la lumière divine lui est toujours nécessaire pour certifier sa connaissance, et comment cette lumière intervient effectivement dans le processus cognitif, alors il saura réfuter efficacement et définitivement le scepticisme à sa racine. La théologie est donc nécessaire, car sans le savoir théologique, il est même impossible de garantir la validité d'aucune science.

On ne manquera pas de noter à ce sujet la date probable de rédaction de ces premières questions de la *Summa*: 1276/1277[1]. Le climat universitaire est à cette date marqué par les fameuses condamnations parisiennes: l'Evêque de Paris, Etienne Tempier, condamne comme hétérodoxes deux cent

---

1. *Cf.* Henrici de Gandavo, *Summa (Quaestiones Ordinariae)*, art. I-V, Editit G. A. Wilson, in *Henrici de Gandavo Opera Omnia*, vol. XXI. Ancient and Medieval Philosophy, De Wulf-Mansion Centre. Leuven University Press, 2005, p. XX-XXII.

dix neuf thèses philosophiques. Cette condamnation, qui a été désormais largement étudiée dans son contenu comme dans ses conséquences[1], a eu en particulier pour effet de fixer dans les esprits la figure-type du « philosophe » – à savoir celui qui, au-delà des thèses hérétiques qu'il peut soutenir (l'éternité du monde, l'unité de l'intellect, ...), a foi en l'idée d'une raison naturelle autonome, voire d'une félicité purement naturelle, qui ne devrait rien aux sources de la révélation[2]. L'une des cibles principales de ces condamnations est ainsi l'idéal d'une sagesse purement philosophique – l'idée d'une autonomie de la philosophie par rapport à la théologie, qui pourrait même conduire à reconnaître la légitimité rationnelle de certaines vérités qui contredisent le dogme catholique.

De toute évidence, les premières questions de la *Summa* d'Henri de Gand s'inscrivent dans un tel contexte. Nous n'hésiterons pas à les présenter comme la version théorique et doctrinale que le Docteur Solennel entendait donner de la condamnation officielle d'une raison philosophique coupée de la lumière théologique. La stratégie qu'adopte Henri de Gand consiste à montrer que l'autonomie revendiquée par la philosophie est illusoire. En prétendant fonder une vérité distincte, autonome, le philosophe ne bâtit que sur du sable, car la raison naturelle, si elle est laissée à elle-même, est irrémédiablement sujette au scepticisme. De cette vulnérabilité de la raison purement naturelle au scepticisme, il se trouve en effet que la preuve en avait été fournie par saint Augustin lui-même : ainsi qu'il l'avait montré dans son écrit *Contre les Académiciens*,

---

1. Voir en particulier *La condamnation parisienne de 1277, Nouvelle édition du texte latin, traduction, introduction et commentaire par David Piché*, Paris, Vrin, 1999.

2. *Cf.* A. de Libera, *Penser au Moyen Âge*, Paris, Seuil, 1991.

c'est sous l'effet du scepticisme que les écoles philosophiques de l'Antiquité, celle des Stoïciens mais aussi la Seconde Académie, avaient sombré, avant qu'il ait su restaurer la vraie doctrine de Platon, celle qui s'accordait avec les lumières de la révélation. En esquissant un portrait à la fois philosophique et historique du scepticisme antique[1], et en proposant sa vision de l'histoire de la philosophie, comme un progrès permettant la sortie du scepticisme, et conduisant, à travers Platon et Aristote, au sommet Augustinien[2], l'objectif d'Henri de Gand était donc de rappeler à tous les philosophes quel sort était réservé à la raison purement naturelle, si elle était coupée de la source de la révélation augustinienne.

Avant d'en venir aux articulations et arguments du texte d'Henri de Gand, et pour tenter de cerner quelle conception Henri pouvait se faire du scepticisme antique, nous donnerons pour commencer quelques points de repère au sujet de ce courant singulier de la *translatio studiorum* : la transmission des thèses et arguments sceptiques de l'Antiquité au Moyen Âge latin.

LES SOURCES DU SCEPTICISME MÉDIÉVAL[3]

Les auteurs médiévaux n'avaient qu'une connaissance très indirecte du scepticisme antique. Henri de Gand identifie le scepticisme à deux figures historiques principales : d'une part, les doctrines pré-socratiques (Héraclite, Protagoras, Démocrite, …), telles qu'elles sont présentées et réfutées par

---

1. Voir q. 1, n. 18-25, et q. 2, n. 29-32.
2. Voir q. 1, n. 38-41.
3. On consultera sur ce point la bibliographie en fin de volume.

Aristote dans le livre IV (Γ) de sa *Métaphysique* (auquel il faut ajouter l'argument du *Ménon*, examiné par Aristote au début des *Seconds analytiques*); d'autre part, la doctrine de la Seconde Académie, telle qu'Henri de Gand la trouvait exposée dans les *Académiques* de Cicéron et dans le *Contre les Académiciens* d'Augustin.

Dans sa *Métaphysique*, Aristote entreprend de fonder la science de l'être en tant qu'être à partir du «principe le plus certain de tous», à savoir le principe de non-contradiction. Il s'efforce pour cela de réfuter ceux qui prétendent que «d'une part, la même chose peut, à la fois, être et n'être pas, et, d'autre part, que la pensée peut le concevoir.»[1] Selon le Stagirite, cette idée était particulièrement en vogue chez les «physiciens» pré-socratiques. Parmi les sources principales de leur erreur: identifier la vérité et la connaissance sensible. «Ces philosophes, voyant que toute la nature sensible est en mouvement, et qu'on ne peut juger de la vérité de ce qui change, pensèrent qu'on ne pouvait énoncer aucune vérité, du moins sur ce qui change partout et en tout sens.»[2] La réponse d'Aristote à ce scepticisme repose essentiellement sur trois thèses: 1) la dissociation de l'être en puissance et de l'être en acte[3]; 2) la théorie de l'abstraction, qui permet de retenir de toute chose en devenir sa forme universelle, et ainsi d'en sauver une certaine connaissance[4]; 3) la distinction entre la connaissance des substances corruptibles et la connaissance de substances incorruptibles, c'est-à-dire entre la physique et la

---

1. *Mét.*, Γ, 4, 1006a1.
2. *Mét.*, Γ, 5, 1010a7.
3. *Mét.*, Γ, 5, 1009a31-36.
4. *Mét.*, Γ, 5, 1010a6-25.

théologie[1]. Aristote accepte donc l'une des prémisses de l'argumentaire sceptique, à savoir qu'il ne peut y avoir de connaissance de ce qui est en mouvement en tant que tel ; mais c'est pour répondre que d'une part la connaissance intellectuelle au sujet des choses sensibles n'est pas la connaissance de ce qui est en devenir en tant que tel dans ces choses, mais de leur quiddité immuable, et que d'autre part il existe d'autres substances que les substances corruptibles.

Reconnaître le caractère faillible de la connaissance sensible, pour demander à l'intellect de se tourner vers les universaux et les Substances Séparées : pour bien des philosophes antiques ou médiévaux, une telle argumentation ne pouvait que renforcer dans leur esprit l'idée d'une convergence des doctrines de Platon et d'Aristote, dans leur opposition au scepticisme. L'histoire du rapport entre le scepticisme et la tradition platonicienne est pourtant bien plus complexe, ainsi qu'Henri de Gand avait pu en prendre partiellement connaissance dans les livres de Cicéron et d'Augustin sur les « nouveaux Académiciens ».

La nouvelle Académie, ainsi désignée par Cicéron et Augustin, avait connu son apogée entre les troisième et premier siècles av. J.-C. Les figures majeures en furent Arcésilas de Pitane (env. 315-240 av. J.-C.) et Carnéade (214-128 av. J.-C.). Ce qui définit essentiellement la philosophie de ces nouveaux Académiciens en matière de théorie de la connaissance, c'est leur opposition à la doctrine stoïcienne. C'est, plus précisément, la question du critère de vérité qui amènera Arcésilas à s'opposer au fondateur du Stoïcisme, Zénon de Citium (335-262 av. J.-C.).

---

1. *Mét.*, Γ, 5, 1010a25-37.

On peut résumer la polémique entre Arcésilas et Zénon comme suit. Zénon soutenait que l'on peut distinguer deux types de connaissances : l'impression compréhensive (*katalêptike phantasia*) et l'impression non-compréhensive. L'impression ou représentation compréhensive a pour spécificité de contenir en elle la marque de la vérité, c'est-à-dire de produire elle-même sa propre vérification[1]. Or le sage est celui qui s'abstient de porter un jugement sur ce qui est incertain ; il ne donne donc son assentiment qu'à des représentations compréhensives, c'est-à-dire qui produisent la certitude. Arcésilas rejette le critère de la vérité postulé par Zénon : on ne peut distinguer entre les représentations compréhensives et les autres, car des objets sans existence (par exemple les représentations du rêve) produisent elles aussi sur nous des impressions claires et distinctes. Arcésilas en concluait alors qu'aucune connaissance ne peut être connue comme certaine, de sorte que ne subsistent que des opinions. En rejetant toute certitude touchant à la connaissance sensible, on ne peut pas dire qu'Arcésilas était infidèle à son maître Platon ; mais il était alors difficile de ne pas y voir comme une convergence objective entre platonisme et scepticisme.

L'affirmation selon laquelle aucune appréhension n'est en elle-même certaine peut-elle être qualifiée de « sceptique » ? On peut en fait en déduire deux conclusions très différentes : (C1) le savoir, en tant que tel, est tout simplement impossible, de sorte que le sage est condamné à l'inactivité et au silence ;

---

1. Voir Cicéron, *Les Académiques (Academica)*, traduction par José Kany-Turpin, introduction de Pierre Pellegrin, Paris, GF-Flammarion, 2010, livre I, chap. 11, § 40-42, p. 105-107 ; Augustin, *Contre les Académiciens*, III, 9 (18) ; (BA 4, 147-148).

(C2) le savoir n'est toujours qu'opinion, mais l'opinion éclairée suffit à la connaissance et la conduite des affaires humaines. Le second livre des *Académiques* de Cicéron présente, sous forme de dialogue, les deux positions[1]. Dans une première partie, Lucullus tient le rôle de l'accusation; il s'emploie à réfuter la doctrine des Académiciens en l'identifiant à (C1) : si aucune connaissance ne contenait la marque de son évidence, si aucune connaissance ne produisait elle-même sa certitude, comment serait-il possible de conserver la mémoire, de progresser dans les arts et les techniques, et de faire croître la science? Lucullus s'efforce de montrer l'absurdité du scepticisme intégral auquel conduit, selon lui, la doctrine des Académiciens. Dans la seconde partie du dialogue cependant, Cicéron prend lui-même la parole pour défendre l'école de Carnéade, dont il s'efforce de montrer que la vraie doctrine est (C2), et non pas (C1). Il faut récuser l'argument de Zénon : les perceptions vraies ne se distinguent pas des fausses. «Les Académiciens n'ont jamais prétendu qu'il n'y eût ni couleur, ni saveur, ni son; ils ont seulement avancé qu'on ne trouvait dans aucune de ces sensations, non plus

1. Sur la composition et structure des *Académiques*, voir C. B. Schmitt, *Cicero Scepticus. A Study of the Influence of the* Academica *in the Renaissance*. The Hague, M. Nijhoff, 1972, 19-23. Cicéron a écrit deux versions des *Académiques*. La première version (*Academica priora*) était composée de deux livres, la seconde (*Academica posteriora*) de quatre. Il ne nous reste des *Academica priora* que le second livre, et des *Academica posteriora* que le premier, avec quelques fragments du reste de l'ouvrage. Les éditions présentent le plus souvent les *Académiques* comme contenant deux livres, le premier livre des *Academica posteriora* étant suivi du second des *Academica priora*, ce dernier étant parfois appelé «Lucullus». On sait qu'Henri de Gand avait une connaissance directe du *Lucullus*, car il en cite des passages qu'on ne trouve pas chez Augustin.

qu'ailleurs, la marque propre du vrai et du certain. » [1] Pour autant, ce n'est pas parce qu'on renonce à la certitude absolue, que l'on est condamné au relativisme intégral, ou au renoncement à la vertu et à l'action. Il n'est nullement prouvé que la certitude est nécessaire à la mémoire, l'art et l'action humaines : le sage lui-même peut se fier à ce qui est « persuasif » – expression grecque *pithanon* que Cicéron rend par *probabile*.

En soutenant une version « probabiliste » ou « modérée » du scepticisme, Cicéron cherchait surtout à combattre le dogmatisme des écoles [2]. En ce sens, « probabile » ne désigne pas tant pour Cicéron ce qui a une certaine chance d'être vrai, c'est-à-dire ce qui possède une certaine vraisemblance ou probabilité au sens moderne du terme, que bien plutôt ce qui peut être approuvé, mis à l'épreuve – ce qui est susceptible de recevoir notre approbation [3]. Si l'on ne peut rien connaître de certain parce qu'aucune impression ou représentation ne contient en elle la preuve de sa vérité, alors c'est aux seules

1. Cicéron, *Académiques*, livre II, chap. 32, § 103 (trad. fr. p. 235).

2. « Nous n'avons d'autre but, dans nos discussions pour et contre, que de faire jaillir enfin de ces contradictions quelque chose de vrai, ou qui du moins se rapproche du vrai. La seule différence entre nous et ceux qui se croient parvenus à la certitude, c'est qu'ils ne doutent point de la vérité des propositions qu'ils soutiennent, tandis que nous trouvons beaucoup de choses probables que nous pouvons admettre aisément, mais que nous n'osons affirmer. Nous sommes plus libres et plus indépendants qu'eux, parce que nous nous réservons le droit de juger, et que nous n'avons point pris l'engagement de défendre tout ce qu'on voudrait impérieusement nous prescrire. Les autres se trouvent liés avant d'avoir pu choisir la meilleure opinion. Dans un âge encore trop faible, entraînés sur les pas d'un ami, ou séduits par l'éloquence du premier maître qu'ils entendent, ils jugent de ce qu'ils ne connaissent point, et se cramponnent pour ainsi dire à la première secte, comme à un rocher sur lequel la tempête les aurait jetés. » Cicéron, *Académiques*, livre II, chap. 3, § 7-8 (trad. fr. p. 125-126).

3. Voir C. Auvray-Assayas, *Cicéron*, Paris, Les Belles Lettres, 2006, 37 *sq.*

ressources de notre jugement que nous pourrons nous fier. La doctrine des Académiciens convient à Cicéron parce qu'elle permet de montrer qu'aucune réponse ne peut être retenue pour savoir comment nous devons vivre et agir, sans en passer par l'examen dialectique qui, seul, permet de tester sa force et sa pertinence : «Ceux qui comme moi suivent l'Académie mettent tous les sujets en discussion, considérant que le *probabile* ne peut apparaître à la lumière sans la confrontation des thèses opposées.»[1] La dialectique est première, parce qu'aucune métaphysique n'est en mesure d'atteindre une vérité qui se donnerait comme supérieure à ce qui, sans possibilité de certitude absolue, a toutefois pu retenir notre approbation (*probabile*) à l'issue de son examen dialectique.

Augustin a rédigé son dialogue *Contre les Académiciens* à une période clef de son parcours intellectuel et spirituel. Il date de 386, l'année de la conversion. Tout juste converti à la vérité du Christianisme, le premier travail intellectuel d'Augustin est de réfuter ceux qui enseignent qu'aucune vérité ne nous est accessible avec certitude[2]. Plus fondamentalement encore, le projet du *Contra Academicos* est d'arracher la véritable doctrine de Platon à ceux qui s'en réclament, et qui en vérité ne

---

1. Cicéron, *Les devoirs*, 2, 8.
2. « Lors donc que j'eus abandonné tout ce que j'avais acquis ou tout ce que je souhaitais d'acquérir des biens qu'on désire dans ce monde, et que je me fus entièrement voué aux libres loisirs de la vie chrétienne, bien que je ne fusse pas encore baptisé, j'écrivis d'abord *contre* ou *sur les Académiciens*. Leurs arguments inspirent à plusieurs le désespoir de la vérité ; ils éloignent le sage de donner son adhésion à aucune réalité, et de considérer quoi que ce soit comme certain et manifeste ; car d'après eux tout est incertitude et obscurité. J'avais été ébranlé par ces arguments et je voulais les détruire en leur opposant des raisons aussi fortes que possible. Par la miséricorde et l'assistance de Dieu, j'y parvins. » Augustin, *Rétractations*, I, 1, 1 (BA 12, 274).

font que la dénaturer. Augustin engage dans ce dialogue une réinterprétation de la doctrine platonicienne et de son histoire, qui aboutira à la conclusion qu'aucun autre philosophe ne s'est approché plus près de la vérité chrétienne[1], bien que sa véritable doctrine ait été jusqu'ici pour l'essentiel cachée ou falsifiée.

Il semble que les sources d'accès d'Augustin à la doctrine et l'histoire de l'Académie se résument aux seuls *Académiques* de Cicéron. On connaît par ailleurs l'importance des écrits de Cicéron, et tout particulièrement de son *Hortensius*, pour le futur Evêque d'Hippone. De sorte qu'en s'engageant à réfuter l'Académisme sceptique, Augustin se trouvait dans la situation délicate de devoir réfuter en Cicéron le défenseur de Carnéade. A ce sujet, il ne semble pas qu'Augustin ait saisi, ou voulu vraiment saisir, la nature spécifique du « scepticisme éclairé » de Cicéron. De façon caractéristique, Augustin interprète le terme *probabile*, traduction cicéronienne de *pithanon*, comme un synonyme de *verisimile* : ce qui ressemble au vrai, mais n'en est pas[2]. Dès lors, comment pourrait-on se fier à ce qui est seulement « vraisemblable », c'est-à-dire à ce qui ressemble au vrai, si on ignore précisément la nature de cette ressemblance, c'est-à-dire sans connaître les termes par lesquels la ressemblance s'accomplit? Comme ignorer la vérité, tout en sachant que quelque chose *ressemble* à la vérité?

En accord sur ce point avec les nouveaux Académiciens, Augustin reconnaît qu'aucune représentation sensible n'est

---

1. Cf. *La Cité de Dieu*, VIII, 5 ; *La vraie religion*, IV, 7.
2. Augustin, *Contre les Académiciens*, II, 5 (12) ; II, 7 (16) ; II, 7 (19) ; II, 12 (27-28).

d'elle-même compréhensive[1]. Aucune perception sensible ne délivre elle-même, dans son contenu propre de représentation, le signe d'une adéquation ou correspondance à la réalité représentée; elle conserve ainsi toujours une parenté avec l'illusion, elle reste toujours une illusion possible[2]. Ce n'est donc pas dans l'expérience sensible que nous trouverons la certitude. Pour bien comprendre Augustin sur ce point, il faut soigneusement distinguer entre le scepticisme à l'encontre de la vérité sensible elle-même (les sens nous instruisent-ils correctement sur les objets de la sensation?) et le scepticisme quant à la possibilité d'une connaissance authentique des choses (*sincera veritas*[3]) à partir de la sensation (les sens nous instruisent-ils sur la nature véritable des choses?). Augustin récuse la première forme de scepticisme, pour reconnaître la seconde : les sens ne nous trompent pas sur les objets sensibles, mais la connaissance sensible ne peut être érigée en critérium

---

1. *Cf.* E. Bermon, *Le* cogito *dans la pensée de saint Augustin*, Paris, Vrin, 2001, p. 105-134.

2. « Tout ce qui tombe sous le sens corporel et qu'on appelle sensible, éprouve un changement incessant. <...> Or ce qui n'est pas permanent, ne peut être perçu : car il n'y a de perceptible que ce que la science comprend, et ce qui change continuellement ne saurait être compris. Il ne faut donc point attendre de perception pure et vraie de la part des sens corporels. <...> Ainsi, pour ne pas citer d'autres exemples, nous éprouvons en imagination, dans le sommeil ou dans la folie, des sensations semblables à celles que nous recevons par le corps, bien que les objets ne soient pas présents aux sens; et dans ce cas, nous ne pouvons absolument pas discerner si ces sensations sont réelles ou imaginaires. Donc s'il y a de fausses images des choses sensibles, que les sens eux-mêmes ne peuvent discerner, et si d'autre part, on ne petit percevoir que ce qui est discerné du faux, il s'ensuit que le critérium de la vérité ne réside pas dans les sens. » Augustin, *Quatre-vingt trois questions diverses*, q. 9 (BA 10, 58-60).

3. *Cf.* P. Porro, « *Sinceritas veritatis*. Sulle tracce di un sintagma agostiniano. » *Augustinus*, 39 (1994), 413-430.

de la vérité intelligible. Pour éradiquer le scepticisme des nouveaux Académiciens, Augustin a donc cherché à dégager des certitudes intellectuelles premières, des premiers principes de la connaissance qui ne doivent rien à l'expérience sensible, et qui se trouveront ainsi hors de portée de toute argumentation sceptique fondée sur la nature corruptible des objets de notre expérience ou encore sur le caractère faillible et incertain de la connaissance procurée par les sens. Augustin reconnaît ainsi comme certaines des propositions ressortant des mathématiques[1], ou de l'expérience de soi, comme « je sais que je vis »[2] – le fameux argument du *cogito*.

La stratégie d'Augustin dans le *Contra Academicos* vise à renvoyer dos à dos Stoïciens et Académiciens, en tant qu'ils se fondent sur une définition erronée de la vérité, à savoir celle de Zénon, qui admet comme seul critère l'expérience sensible. Ne pas faire du témoignage des sens un critère de la vérité intelligible, et ne se fier, dans la recherche de cette vérité, qu'à l'expérience intérieure de l'âme, telle aurait été la vraie doctrine de Platon, dont les Académiciens tardifs, trompés ou effrayés par le matérialisme stoïcien, auraient perdu ou caché la signification. Le récit singulier qui conclut le *Contra Academicos* permettra ainsi de sauver Platon et ceux qui ont su le comprendre[3]. L'interprétation d'ensemble de l'histoire de l'Académie qu'Augustin propose dans ces lignes doit bien peu de choses à l'histoire réelle ni à ce qu'Augustin en savait à partir des *Académiques* de Cicéron ; elle n'a en fait pour but

1. Augustin, *Contre les Académiciens*, II, 3 (9) ; III, 9 (21) ; III, 10 (23) ; III, 11 (25) ; III, 13(29).

2. Augustin, *La Trinité*, XV, 12 (21) (BA 16, 479).

3. *Contre les Académiciens*, III, 17 (37)-19 (42) (BA 4, 186-199 ; Pléiade, I, 78-83).

que de montrer que si les Académiciens ont soutenu une doctrine exotérique sceptique, ce n'était que pour mieux préserver la vraie doctrine ésotérique de Platon de la corruption introduite par les Stoïciens dans la théorie de la connaissance. Cicéron lui-même n'aurait soutenu les positions de Carnéade que « sans y croire »[1]. « Quiconque pense que les Académiciens ont eu cette opinion <qu'il serait impossible à l'homme de rien savoir>, qu'il écoute Cicéron lui-même. Il dit en effet que c'était leur usage de cacher leur doctrine et qu'ils avaient accoutumé de ne la découvrir qu'à ceux qui avaient vécu avec eux presque jusqu'à la vieillesse. »[2] Comment un esprit aussi éclairé et puissant que celui de Cicéron aurait-il d'ailleurs pu se reconnaître dans les raisons aussi faibles et corrompues du scepticisme ?

C. B. Schmitt souligne à juste titre qu'Henri de Gand ne semble pas avoir compris que ses deux sources s'opposaient, c'est-à-dire que Cicéron était du côté de l'Académie[3]. Dans le texte que nous traduisons ici (*Cf.* q. 1, n. 26-29), il est patent en effet qu'Henri attribue l'argumentaire anti-académicien soutenu par Lucullus, dans la première partie du livre II des *Académiques*, à Cicéron lui-même. Comment Henri pouvait-il ne pas avoir compris ce que bien des passages du dialogue de Cicéron, aussi bien que celui d'Augustin, montrait de façon évidente, à savoir qu'il y avait conflit entre les deux philosophes ?[4] Sauf que le scénario proposé *in fine* par Augustin de

1. *Contre les Académiciens*, III, 18 (41) (BA 4, 195).
2. *Contre les Académiciens*, III, 20 (43) (BA 4, 199).
3. C. B. Schmitt, *Cicero Scepticus*, *op. cit.*, 40-41.
4. Bonaventure, par exemple, fait bien de Cicéron un membre de l'Académie : Cf. *Haex.* VII (S. Bonaventurae, *Opera Omnia*, V, 365, Ad Claras

la « vraie » doctrine des Académiciens pouvait inciter Henri à croire que la véritable pensée de Cicéron s'accordait avec celle de son maître, et qu'il n'avait soutenu la doctrine sceptique que les besoins de la dialectique, ou encore pour préserver la vraie doctrine platonicienne [1].

EXEMPLARISME ET SCEPTICISME

Cette « vraie » doctrine platonicienne, selon Augustin, est donc celle qui s'accorde avec la révélation chrétienne. Or Platon soutenait que le Démiurge a créé l'univers à partir de ce qu'il appelait des « idées », c'est-à-dire des modèles ou archétypes des choses ; et puisque la doctrine chrétienne enseigne que rien n'est supérieur ni ne précède Dieu, qui a tout créé à partir de rien (*ex nihilo*), il en résulte qu'on ne peut sauver la théorie platonicienne des idées qu'en les « intégrant » à Dieu lui-même. Dieu aurait ainsi procédé à la création à partir d'idées, non pas extérieures à Lui-même, mais présentes dans son esprit et qui ne se distinguent pas réellement de son essence. Ces idées, appelées encore « raisons éternelles », connaturelles avec l'essence divine, sont ainsi les modèles (*exemplares*), les formes originelles qui constituent l'art divin [2].

Aquas (Quaracchi), 1891) : « Plotinus de secta Platonis et Tullius sectae academicae ».

1. Voir en particulier le propos d'Henri dans la question 2, n. 30.

2. « Qui oserait dire que Dieu a créé toutes choses de manière irrationnelle ? Et, si cela ne se peut dire ni croire droitement, il reste que toutes choses ont été créées par la raison ; et l'homme par une raison différente de celle du cheval ; car il serait absurde de penser le contraire. Donc chaque être a été créé suivant une raison propre. Mais ces raisons où faut-il penser qu'elles sont, si ce n'est dans

Connaître les choses, non pas simplement sous les raisons communes que nous pouvons abstraire de notre expérience sensible, mais bien dans leur nature originelle, ce serait donc pour l'homme les connaître à partir des formes premières de la création, à partir des raisons éternelles. Un tel savoir n'est assurément pas donné à l'homme par ses seules ressources naturelles (*ex puris naturalibus*) : Dieu ne donne à connaître son essence que par une révélation, une « illumination spéciale » (*ex speciali illustratione*), en vertu d'un acte qui résulte de sa pure volonté. Cette connaissance est réservée à Dieu à ceux qu'il décide librement d'instruire, ou bien dans cette vie à quelques rares élus (saint Paul sur le chemin de Damas), ou bien aux anges ou bienheureux qui le contemplent face à face (*facie ad faciem*).

Au XIIIᵉ siècle, il n'est pas de théologien qui pourrait remettre en cause de tels principes, qui constituent le socle de toute saine théologie. Ce n'est donc pas sur ces propositions que l'on peut distinguer une théorie « exemplariste », d'une théorie qui ne l'est pas. L'exemplarisme repose sur l'idée que les raisons éternelles contribuent à la connaissance humaine, non pas seulement dans la vie future ou dans des circonstances spéciales, mais déjà dans la vie présente, dans toute connais-

l'esprit du Créateur ? En effet, il ne regardait pas quelque chose de placé hors de lui pour constituer sur ce modèle ce qu'il constituait : car penser cela serait sacrilège. Si ces raisons de toutes choses à créer ou créées sont contenues dans l'esprit divin, s'il ne peut y avoir dans l'esprit divin rien que d'éternel et d'immuable, et si ce sont des raisons principales des choses que Platon appelle idées, alors, non seulement il y a des idées, mais ce sont elles qui sont vraies, parce qu'elles sont éternelles et qu'elles demeurent de même manière, immuables ; elles dont la participation fait qu'existe tout ce qui est de quelque manière que ce soit. » Augustin, *Quatre-vingt-trois questions diverses*, q. 46, trad. G. Madec, *Revue Thomiste*, t. 103, n. 3 (2003), 359.

sance rationnelle. Les formes et degrés de cette illumination étant variables et soumis à la plus grande spéculation, on comprend alors qu'il y a autant de définitions de l'exemplarisme que de théologiens exemplaristes.

La quatrième des *Questions disputées sur la science du Christ* de Bonaventure constitue une excellente introduction aux questions d'Henri de Gand que nous traduisons[1]. Bonaventure demande si tout ce qui est connu avec certitude est connu dans les raisons éternelles (« *Utrum quiquid a nobis certitudinaliter cognoscitur, cognoscitur in ipsis rationibus aeternis* »). Or cette question peut être comprise de trois façons[2] :

1) D'une première façon, en comprenant que l'évidence de la lumière éternelle concourt à la connaissance certaine en tant que raison faisant connaître entièrement et à elle seule (*ratio cognoscendi tota et sola*). Or une telle réponse n'est guère

---

1. Bonaventure, *Quaest. disp. de scientia Christi*, q. 4 (*Op. Omn.*, V, 17-27) ; trad. fr. E.-H. Wéber, Saint Bonaventure, *Questions disputées sur le savoir chez le Christ*, Sagesse Chrétienne, O.E.I.L., 1985, p. 85-122. Parmi les sources possibles de ces questions d'Henri, signalons la toute première question du commentaire de Thomas d'Aquin au *De Trinitate* de Boèce (*Super Boetium De Trinitate*, q. 1, art. 1 : « Utrum mens humana in cognitione veritatis nova illustratione divinae lucis indigeat. »). Dans la mesure où Thomas répond à cette question par l'affirmation de l'autonomie de la connaissance *ex puris naturalibus* (« sunt quaedam intelligibiles veritates, ad quas se extendit efficacia intellectus agentis, sicut principia quae naturaliter homo cognoscit et ea quae ab his deducuntur ; et ad haec cognoscenda non requiritur nova lux intelligibilis, sed sufficit lumen naturaliter inditum »), on peut penser que la critique de la raison *ex puris naturalibus* à laquelle procède Henri vise en partie Thomas, lequel serait accusé (*Cf.* q. 3, n. 29) d'avoir naturalisé la lumière de la vérité.

2. Bonaventure, *Quaest. disp. de scientia Christi*, q. 4, *resp.* (*Op. Omn.*, V, 22-23).

acceptable, car elle revient à identifier toute certitude à une connaissance béatifiante, et ainsi à nier la distinction entre connaissance naturelle et révélée. Ne reconnaître comme certaine que la seule connaissance des idées divines en elles-mêmes, lesquelles nous sont actuellement cachées, conduit en effet, ainsi que l'avait montré Augustin, directement au scepticisme des Académiciens[1].

2) D'une deuxième façon cependant, on peut comprendre que la raison éternelle concourt nécessairement à toute connaissance certaine par son *influence*, c'est-à-dire de sorte que celui qui connaît n'accède pas à ces raisons elles-mêmes, mais est simplement soumis à leur effet[2]. Outre qu'une telle explication est peu compatible avec les propos d'Augustin, on peut également comprendre cette influence de deux façons : ou bien comme influence générale (*influentia generalis*), celle par laquelle Dieu a un effet sur toute créature – et en ce sens, Dieu n'est pas plus source de sagesse que source de vie végétale ou animale ; ou bien comme influence spéciale (*influentia specialis*), c'est-à-dire par la grâce – et dans ce cas, toute connaissance serait infuse, il n'y aurait aucune connaissance acquise ou innée, ce qui est absurde.

3) D'une troisième façon enfin – et c'est celle que Bonaventure va retenir –, en prenant la voie moyenne entre les deux réponses précédentes, on peut soutenir que la raison éternelle est nécessaire à la certitude de la connaissance en tant que raison qui ordonne et conduit la connaissance (*ut regulans et ratio motiva*), non pas à elle seule et dans toute sa clarté,

---

1. Propos identique à celui d'Henri, q. 2, n. 9.

2. Bonaventure vise manifestement ici la position de Thomas d'Aquin. Voir E.-H. Wéber, *Dialogue et dissensions entre saint Bonaventure et saint Thomas d'Aquin à Paris (1252-1273)*, Paris, Vrin, 1974, p. 80.

mais avec l'action conjointe de la raison créée, de sorte qu'elle produit ainsi une connaissance partielle et « en énigme », ainsi que le dit l'Apôtre (I *Cor.*, 13, 12).

Henri de Gand soutiendra lui aussi une « voie moyenne », assez proche de celle de Bonaventure : ici-bas, la connaissance véritable s'obtient de l'action conjointe du concept abstrait de la chose et de l'archétype divin, lequel cependant n'est pas vu en lui-même, c'est-à-dire n'est pas perçu comme un objet, mais intervient comme une lumière qui procure au concept abstrait sa valeur de vérité. Notre connaissance présente, enracinée dans la sensation, est confuse, inférieure à la claire vision intellectuelle des choses que nous procurera la révélation ; mais Dieu n'en est pas moins, actuellement déjà, source de toute vérité dans notre connaissance. La lumière divine intervient donc dans l'activité cognitive, mais son action n'est pas nécessairement consciente. Les infidèles, en particulier, en se détournant du vrai Dieu, se détournent de la source de la vérité ; mais cela n'interdit pas que certains de leurs jugements soient authentiquement vrais, à savoir lorsque la lumière divine éclaire leur esprit, bien qu'ils ne sachent pas reconnaître sa présence (*Cf.* q. 2, n. 44 ; q. 3, n. 9). Le théologien exemplariste distingue ainsi entre « voir dans la lumière divine » et « voir la lumière divine » : toute connaissance n'est authentiquement vraie qu'autant qu'elle est vue dans la lumière divine, mais cette lumière ne devient visible en elle-même ici-bas que par la foi, et dans l'au-delà par la révélation : par la foi, le croyant perçoit cette lumière confusément (« en énigme »), et ce n'est que par la révélation qu'il peut en avoir une connaissance véritablement claire (*Cf.* q. 3, n. 34-35).

Dans le cadre épistémologique qui avait été établi par Augustin, le scepticisme menace sur deux fronts. Le premier tient à l'insuffisance de la connaissance naturelle : la théorie d'une connaissance *ex puris naturalibus* – c'est-à-dire fondée sur le seul modèle aristotélicien de l'abstraction – est incapable de garantir une connaissance certaine, car l'objet connu (la chose sensible) est soumis à la corruption et la partie de l'âme humaine qui est à la source de cette connaissance (sensation et imagination) est également corruptible et sujette à l'illusion. Tel est, en effet, le scepticisme qui menace constamment la raison naturelle, et dont elle ne pourra jamais s'extraire totalement, puisque son horizon se limite à la seule connaissance de ce qui est en devenir, c'est-à-dire de ce qui est à la limite du non-être, et qui ne pourra donc jamais faire l'objet d'aucune certitude. Mais le second risque de scepticisme vient d'une interprétation trop platonisante de la théorie augustinienne : si la seule connaissance véritable est celle qui se produit par la vision directe des « idées » elles-mêmes, alors cette vision étant surnaturelle, aucune connaissance naturelle ne sera possible. Le seul chemin praticable sera donc une *via media* entre le Charybde aristotélicien et le Scylla académicien : la raison divine intervient dans le processus de connaissance, non en tant qu'objet connu, mais en tant que lumière qui vient illuminer la chose connue naturellement, et procurer ainsi à la connaissance naturelle une certitude dont elle serait à elle seule incapable. Depuis l'intérieur de l'édifice de la cathédrale, c'est bien la couleur du motif du vitrail que nous voyons et non le Soleil lui-même ; mais sans la lumière du Soleil, le motif est invisible. De la même façon, c'est bien la forme créée par Dieu et abstraite de la chose même par notre intellect que nous connaissons directement ici-bas ; mais cette connaissance n'acquiert la consistance d'une connaissance véritable qu'avec l'action de la raison éternelle de cette chose, en tant que celle-ci procure une lumière qui, ainsi que le dit

Henri (q. 3, n. 23), « pénètre » dans l'esprit et fait ainsi « luire »
la vérité.

LES QUESTIONS D'HENRI DE GAND

De Robert Grosseteste à Henri de Gand, la théorie
exemplariste de la connaissance se précise et se complexifie.
Bon gré, mal gré, la tradition augustinienne est contrainte de
s'adapter sous la pression de l'influence croissante de la
conceptualité aristotélicienne. Il ne suffit pas d'affirmer que
Dieu est source de toute vérité ; encore faut-il s'expliquer sur la
modalité précise de son intervention dans le cadre d'une théorie
psychique qui n'est pas celle d'Augustin. A cet égard, les
premières questions de la *Summa* d'Henri de Gand proposent
une synthèse originale, et particulièrement sophistiquée, entre
les théories de la connaissance d'Aristote et de saint Augustin.

La structure de l'argumentation des deux premières
questions de la *Summa* révèle directement la fonction dialectique qu'Henri entend donner à l'examen des arguments sceptiques. Dans la première question (« Est-il possible à l'homme
de savoir quelque chose ? »), il s'agit de réfuter ces arguments,
pour se dégager soi-même de l'accusation de scepticisme. La
question porte sur la possibilité d'une connaissance humaine,
par les seules ressources naturelles (*ex puris naturalibus*),
c'est-à-dire sans aucune intervention divine particulière, sans
aucune « illumination spéciale ». A cette question, il faut
répondre qu'une connaissance purement naturelle est
possible, et que ceux qui prétendent à son impossibilité
détruisent aussi bien la possibilité de l'art, de la science que de
la morale (q. 1, n. 26-28). Or il n'y a aucune raison de douter de

la connaissance produite par un sens qui n'est pas empêché ou obscurci (q. 1, n. 33).

> Dans la connaissance sensitive, le sens perçoit lui-même et véritablement la chose telle qu'elle est, sans aucune tromperie ni fausseté, lorsque dans son action propre de sentir son objet propre il n'est pas contredit par un sens plus vrai <…> et il n'y a pas non plus à douter que ce qui est ainsi perçu ne soit pas perçu lui-même tel qu'il est. Et il n'est pas nécessaire non plus de rechercher en cela une cause supplémentaire de certitude, puisque, comme le dit le Philosophe, rechercher une raison pour ce dont nous avons une sensation est faiblesse de l'intellect. (q. 1, n. 16)

Et pour que le lecteur n'ait aucun doute à ce sujet, Henri de Gand reviendra encore, au début de la réponse à sa deuxième question, sur la validité de la connaissance sensible (q. 2, n. 13). De sorte qu'une fois la possibilité de la connaissance purement naturelle établie, et toute suspicion de scepticisme par avance écartée, Henri va pouvoir en venir à la question délicate qu'il entendait poser : Si la sensation peut à bon droit prétendre à produire une vérité propre, qui est celle de la vérité sensible précisément, a-t-elle accès à une quelconque vérité sur la nature même de la chose ? Et si l'intellect, en se conformant simplement à la connaissance sensible, accède à cette vérité que lui procurent les sens, accède-t-il pour autant à la vérité absolue (*sincera veritas*) ?

Cette question est introduite par Henri à partir d'une distinction qui joue un rôle central. Il faut distinguer la connaissance de quelque chose de vrai (*verum*), de la connaissance de la vérité de cette chose (*veritas*) (q. 2, n. 14-15). Toute appréhension *simple*, par la sensation ou l'intellect, d'une réalité – d'une pierre, d'un homme, … – est en même temps l'appréhension d'une certaine vérité – d'une pierre vraie, d'un homme vrai, ... – puisque la réalité implique une certaine vérité. C'est de cette façon que les animaux eux-mêmes peuvent distinguer le vrai du faux, par exemple pour l'agneau la présence ou l'absence du loup. Mais ce n'est pas parce que j'appréhende effectivement une certaine réalité telle qu'elle est, et qu'à ce titre ma connaissance sensible ou intellective peut être qualifiée de « vraie », que pour autant je possède une quelconque vérité sur la nature de cette chose ; car pour connaître une telle vérité, un jugement est nécessaire, qui mette en rapport la chose jugée et la raison intelligible qui lui correspond[1].

1. Cette distinction entre *verum* et *veritas* s'inscrit dans un dispositif épistémologique plus général. Henri reconnaît quatre degrés dans la connaissance : (d1) la connaissance la plus générale est celle de ce qui est signifiable par la pensée (*res a reor*) ; à ce stade, on connaît aussi bien l'être possible que l'être impossible (la chimère) ; (d2) la connaissance *indéterminée* de ce qui est possible (*res a ratitudine*), c'est-à-dire de ce qui tombe sous le concept d'étant de la métaphysique, et en général sous les transcendantaux (être, bon, vrai, ...) ; (d3) la connaissance *déterminée*, c'est-à-dire définitionnelle de ce qui est possible (connaissance de l'essence ou quiddité déterminée, ou *esse essentiae*) ; (d4) la connaissance de la chose comme existante (*esse existentiae*). Cette analyse se fonde sur une interprétation très particulière des quatre questions d'Aristote au début du second livre des *Seconds analytiques* : (d1) Connaissance incomplexe du « quid est » ; (d2) connaissance incomplexe du « si est » ; (d3) connaissance complexe du « quid est » (= « propter quid ») ; (d4) connaissance complexe du « si est » (= « quia »). Le passage de (d2) à (d3), c'est-à-dire d'une connaissance conceptuelle simple de la chose à un jugement sur sa nature propre, s'effectue par l'illumination du modèle divin, qui vient procurer à la connaissance tout d'abord indéterminée de la chose un contenu quidditatif. Les paragraphes 14 à 19 de la deuxième question traduite ici, en exposant la distinction entre *verum* et *veritas*, exposent ainsi le passage de (d2) à (d3), comme l'atteste tout particulièrement la référence aux transcendantaux du paragraphe 17. Voir sur ces questions l'analyse précise de P. Porro, *Enrico di Gand. La via delle proposizioni universali*, Bari, Levante Editori, 1990, en particulier p. 20-36.

Alors que la vérité au premier sens résulte d'une opération d'appréhension simple de la chose extérieure par la sensation ou l'intellect (*res vera*), de sorte que dans cette opération c'est la chose extérieure qui est la cause de la vérité de la connaissance, pour la connaissance de la vérité au second sens (*veritas rei*), c'est la chose extérieure *elle-même* qui est jugée comme vraie ou fausse par comparaison à son modèle ou archétype intelligible. En ce second sens, on devra donc dire que :

> Ce suppôt ou composé n'est appelé « homme vrai » que parce qu'il participe de l'humanité vraie, et non pas parce que c'est un vrai suppôt ou composé. De même, on n'appelle pas un ange « vrai » parce qu'il s'agit d'une chose vraie qui a été créée, ou bien parce qu'elle est un quelconque suppôt, mais parce qu'elle participe de la vraie forme de l'angélité [1].

Ainsi, Henri dégage dans un premier temps le cadre de la connaissance purement naturelle, c'est-à-dire abstractive, telle qu'elle avait été décrite et fondée par Aristote, pour lui assigner un domaine de validité propre. Puis, dans un deuxième temps, il prend comme point de vue celui d'Augustin, qu'il considère comme supérieur, et applique les principes de la théorie exemplariste de la connaissance : la

---

1. « Non enim dicitur hoc compositum aut suppositum verus homo, nisi quia participat vera humanitate, non autem quia est verum compositum vel suppositum. Similiter non dicitur angelus verus quia est vera res quae creata est, vel quia suppositum aliquod est, sed quia participat veram formam angelitatis. » *Summa*, art. 34, q. 2 (*Op. Omn.* XXVII, 177). Cf. *Summa*, art. 34, q. 5 (*Op. Omn.* XXVII, 216) : « Non enim dicitur aliquid verus homo, nisi quia habet veram humanitatem, neque verum simile, nisi quia habet veram similitudinem. Similiter ergo non dicitur aliquid verum, ut res vel natura vel essentia aliqua, nisi quia habet veritatem, hoc est conformitatem sui ad aliquid, sive per identitatem ut in Deo, sive per participationem ut in creaturis. »

vérité ultime réside dans des idées, c'est-à-dire des modèles intelligibles (*exemplares*), et toute chose créée ne possède de vérité que dans la mesure où elle les imite, c'est-à-dire participe à ces modèles. Enfin, dans un troisième temps, Henri relie ces deux types de connaissance de la vérité à l'intérieur même de la notion de modèle intelligible (q. 2, n. 20). En effet, si la connaissance de la vérité propre de la chose (*veritas rei*) ne peut être appréhendée que par un acte de jugement, par lequel la chose connue est comparée à son modèle intelligible, alors cet acte de comparaison n'est possible que de deux façons : ou bien il y a comparaison entre la chose et un modèle intelligible que nous avons nous-mêmes acquis par une expérience naturelle, c'est-à-dire abstractive, antérieure ; ou bien il y a comparaison entre la chose et le modèle intelligible à partir duquel elle a été créée, et qui n'est autre que son idée archétype, présente dans l'intellect divin.

Dans les deux cas, il s'agit d'une connaissance de la vérité *de* la chose ; c'est la chose qui est jugée être vraie, en comparaison de l'idée qui en est le modèle. Par exemple, nous jugeons de la construction d'une maison, à partir de l'idée que nous nous faisons de ce que doit être une maison, ou à partir de son plan. Or cette idée que nous avons sur la maison, ce concept auquel nous comparons toutes les maisons particulières, nous l'avons obtenu par abstraction, c'est-à-dire par des moyens purement naturels. C'est pourquoi une telle idée est appelé par Henri « modèle créé ». Et, de la même façon, si Dieu nous donnait dès à présent à connaître les idées à partir desquelles il a lui-même procédé à la création, nous pourrions alors juger de la perfection et de la vérité propres des créatures, en les comparant à leurs modèles. Ces archétypes, ou idées divines, à partir desquelles Dieu a procédé à la création, s'appelleront donc les « modèles incréés » des choses. De sorte qu'il existe deux façons de juger de la vérité d'une créature : ou bien en la comparant à son concept abstrait, ou « modèle créé » ; ou bien en la comparant à son idée archétype, ou « modèle incréé ». Si la première connaissance est tout-à-fait possible par les seuls moyens naturels (*ex puris naturalibus*), en revanche la seconde n'est pas possible naturellement, mais seulement par une illumination divine : Dieu ne donne en effet à connaître une vérité éternelle, qu'à celui qu'il décide librement d'instruire.

Dieu peut donner ou retirer la lumière de la raison à qui il veut. Si nous concevons réellement une vérité authentique (*sincera veritas*), c'est que Dieu consent à éclairer notre esprit ; mais cette illumination ne nous fait pas nécessairement connaître la source même de cette vérité. L'illumination de la vérité peut en effet se produire de deux façons (*Cf.* q. 2, n. 33-37). Ou bien le modèle incréé est vu directement en lui-même, c'est-à-dire comme un *objet* ; une telle vision de l'essence divine revient à un acte de ravissement ou de béatification, c'est-à-dire une illumination spéciale, de sorte qu'elle n'est pas communément donnée à l'homme ici-bas (q. 2, n. 34-35). Ou bien le modèle incréé est donné à voir, non comme un objet, mais comme un *milieu* ou une *lumière* qui fait luire la vérité ; et c'est bien de cette façon que toute vérité nous est donnée à connaître ici-bas (q. 2, n. 36-37). Il reste alors à savoir en quoi consiste concrètement l'intervention de cette lumière divine dans la connaissance présente. S'agit-il d'une influence simplement générale, ou à chaque fois spécifique ? De quelle façon collabore-t-elle à l'action à chaque fois particulière de l'intellect agent ? Dieu intervient-il simplement pour nous donner l'évidence des premiers concepts et principes les plus universels de la connaissance, nous laissant ensuite le pouvoir d'en déduire les connaissances particulières, ou bien intervient-il à chaque étape ? Dans les questions ici traduites, Henri semble bel et bien soutenir que la lumière divine n'intervient pas seulement dans la connaissance des principes, mais pour l'évidence de toute conclusion ou concept particulier (*Cf.* q. 2, n. 41 ; q. 3, n. 27-29). Si tel est le cas, alors il ne s'agit pas d'une simple influence générale communiquée à l'intellect humain, mais bien d'un processus de vérifaction à chaque fois particulier, en tant qu'à chaque fois le concept abstrait (ou « modèle créé ») ne peut recevoir de contenu de vérité qu'en tant qu'il est mis en rapport à la raison divine qui lui correspond (ou « modèle incréé »).

Ce point est l'un des plus discutés des spécialistes d'Henri de Gand, qui ont cherché en particulier à établir si et de quelle façon le maître gantois avait évolué, au cours de sa carrière, sur la nature précise de l'intervention de la vérité divine dans la connaissance humaine. Quoi qu'il en soit sur ce point d'interprétation interne à la pensée henricienne, toujours est-il que du point de vue historique, la théorie des premières questions de la *Summa* a très vite fait l'objet d'une accusation de scepticisme, dont on voit bien la cause. Tant que l'on en reste à l'idée que les premiers principes ou causes de la vérité ont leur origine en Dieu, qui nous les communique par son influence générale ou lors de la création, il n'y a rien auquel un théologien puisse objecter ; si l'on affirme, en revanche, que Dieu intervient directement et par sa volonté dans les processus cognitifs, alors la vérité devient un effet de la relation entre la pensée humaine et l'essence divine, relation qui est contingente, ce qui rend la vérité dans la connaissance elle-même contingente et dépendante du bon vouloir divin. Et plus l'on accentue le rôle de l'intervention divine dans les processus cognitifs, plus on affaiblit la liberté et l'autonomie de la créature. Or en soutenant que tout concept nécessite, pour recevoir son contenu de vérité authentique (ou même tout contenu de vérité au sens propre, ainsi que le souligne à plusieurs reprises la troisième question), l'intervention de la lumière divine, Henri donne le sentiment d'aller tout de même assez loin dans l'implication de Dieu dans la connaissance humaine.

HENRI DE GAND, DOCTEUR DE LA DOUBLE VÉRITÉ

Le jugement *ex puris naturalibus* consiste dans un acte de comparaison entre un concept acquis par l'expérience sensible et la chose particulière qui tombe sous ce concept. Cet acte de vérifaction est distinct de celui par lequel le concept abstrait lui-même est comparé à son archétype divin. Comme dans les deux cas il s'agit bien d'un acte de jugement, Henri d'en conclure (q. 2, n. 28) qu'il existe une double vérité («*duplex veritas*»[1]) : la vérité philosophique, enseignée par Aristote, est distincte, dans son origine comme sa nature, de la vérité théologique, pressentie par Platon, et dont la nature fut révélée par Augustin.

Cette idée d'une double vérité n'est pas nouvelle[2]. Il ne s'agit finalement que d'une reprise de la très classique distinc-

---

1. Voir aussi *Summa*, art. 34, q. 5 (*Op. Omn.* XXVII, 221) : « Duplex est veritas, sicut duplex res in qua fundatur veritas, scilicet creata et increata. »
2. On distinguera soigneusement cette idée, propre aux théologiens «augustinisants» (Bonaventure, Henri de Gand), d'une double vérité, créée et incréée, idée qui repose sur la distinction entre savoirs *ex puris naturalibus* et *illustratione divina*, avec la thèse, attribuée aux philosophes «averroïstes» (Siger de Brabant, Boèce de Dacie) d'une vérité rationnelle distincte de la vérité de la foi, thèse qui est condamnée formellement dans le prologue du syllabus de 1277 (sur ce dernier point, voir l'introduction d'A. de Libera à sa traduction

tion entre la sagesse chrétienne et le savoir du monde. Si, selon les mots de Bonaventure, « le monde entier est comme un miroir recevant les rayonnements de la sagesse divine »[1], alors c'est seulement en sachant reconnaître dans la créature l'image spéculaire de la bonté, de la beauté et de la puissance de son créateur, qu'elle devient intelligible dans toute sa vérité de créature. C'est bien pourquoi les philosophes, en se consacrant à la seule investigation curieuse des créatures pour elles-mêmes, se détournent de la vraie sagesse. Cette double perspective possible, philosophique et théologique, sur la créature, conduit donc, ainsi que le formulait déjà Bonaventure, à une duplicité de la vérité[2]. Si la thèse d'une *duplex veritas* n'est donc pas créée par Henri de Gand, il lui donne toutefois une formulation épistémologique singulière. Henri identifie en effet directement l'origine de cette double vérité au niveau psychologique, dans l'existence de deux modèles et ainsi de deux sources de la connaissance. Ce n'est pas seulement que les philosophes connaissent mal ou imparfaitement la créature, de sorte que la connaissance philo-sophique demande la lumière théologique pour se réaliser véritablement; ce n'est pas simplement que la philosophie

du *Contre Averroès* de Thomas d'Aquin, Paris, Flammarion, 1994, p. 49 *sq.*) Ces deux thèses ont en commun d'opposer philosophie et théologie comme deux ordres de *vérités*, et c'est sur ce point que leur convergence est instructive des débats des années 1270; mais elles s'inscrivent dans des contextes doctrinaux ou polémiques distincts. Sur les différentes formes de *duplex veritas* au Moyen Âge, voir L. Bianchi, *Pour une histoire de la « double vérité »*, Conférences Pierre Abélard, Paris, Vrin, 2008.

1. Bonaventure, *Haex.*, II, 27
2. *Cf.* Bonaventure, *Sent.*, I, d. 8, p. 1, art. 1, q. 1, ad 3m (*Op. Omn.* I, 151b) : «…veritas creata, quamvis non possit movere sine veritate increata, nihilominus est motiva suo modo et alia veritas ab illa… »

naturelle est une étape vers la sagesse théologique; c'est que les philosophes connaissent la créature à partir d'une source *distincte* (le modèle créé) de la source de la vérité théologique (le modèle incréé). Or comme aucune déduction ou médiation ne permet de passer d'un modèle (*exemplar*) à l'autre, aucune déduction ou médiation ne permet non plus de passer d'une vérité à l'autre. Rien n'assure en fait – et c'est là que l'articulation entre philosophie et théologie menace de rupture – que la connaissance *ex puris naturalibus* puisse être *sauvée*. En regard de la vérité première et pure contenue dans le modèle incréé, le modèle créé ne saurait en effet prétendre à produire une vérité comparable, puisqu'il est le résultat d'un processus d'abstraction, trouvant son origine dans la sensation et conservant par conséquent les limites propres à toute connaissance d'origine sensible (q. 2, n. 24-27). En aucune circonstance notre connaissance purement naturelle est à ce point claire et distincte, qu'elle peut se prévaloir d'une certitude absolue, qui exclurait tout doute ou tromperie. La cause en revient à la fois à l'instabilité de la chose sensible elle-même et à la faiblesse de l'âme humaine, susceptible de changement et ainsi d'erreur. De sorte que si l'on veut bien suivre la doctrine augustinienne dans ses conséquences ultimes, « il faut concéder absolument que l'homme ne peut obtenir de vérité pure au sujet d'aucune chose en acquérant cette connaissance par ses seuls moyens naturels, mais seulement par une illumination de la lumière divine. » (q. 2, n. 45).

On comprend alors que de telles affirmations aient pu laisser penser qu'Henri penchait pour la doctrine des Académiciens. Le Docteur Solennel a-t-il par la suite remis en cause, ou à tout le moins infléchi, le jugement formulé dans les premières pages de sa *Summa*, pour rendre davantage justice à la connaissance *ex puris naturalibus*? L'examen des questions consacrées à la théorie de la vérité, dans l'article 34, ne semble guère l'indiquer. Ne va-t-il jusqu'à reconnaître que « ce n'est pas sans raisons que les Académiciens ont pu soutenir qu'il était impossible de rien savoir »[1]? En tout état de cause, pour les successeurs et critiques d'Henri de Gand, exemplarisme va désormais rimer avec scepticisme.

LA POSTÉRITÉ DES QUESTIONS D'HENRI DE GAND

Si les raisons du reflux de l'exemplarisme, dans la seconde moitié du XIIIe siècle, sont multiples, il apparaît que les premières questions de la *Summa*, et tout particulièrement la question du scepticisme telle qu'elle s'y trouve articulée, ont joué un rôle déterminant dans cette histoire. En ressuscitant le scepticisme antique en doctrine, comme pour en faire un repoussoir, Henri avait en fait forgé des armes qui allaient se retourner contre sa propre théorie de la connaissance.

L'une des premières critiques générales de l'exemplarisme est manifestement venue du maître franciscain Pierre de Jean Olieu (ou Olivi, 1248-1298)[2]. Dans la seconde de ses *Quaestiones de cognoscendo Deo*[3], Olivi accumule les

---

1. *Summa*, art. 34, q. 5 (*Op. Omn.* XXVII, 224): « Propter quod non omnino irrationabiliter opinati sunt Academici quod nihil contingit scire ».

2. Voir C. Bérubé, *De l'homme à Dieu, selon Duns Scot, Henri de Gand et Olivi*, Roma, Istituto Storico dei Cappuccini, 1983, p. 58-79.

3. Petrus Johannis Olivi, *Quaestiones in secundum librum sententiarum*, ed. Bernardus Jansen. Ad Claras Aquas, ex typogr. Collegii S. Bonaventurae, 1922-1926. *Quaestiones de cognoscendo* q. 2 (vol. III, 500-517): « An rationes aeternae sint nostro intellectui ratio intelligendi omnia, et an lux creata irradiet

objections contre une théorie de la connaissance qu'il qualifie de dangereuse («valde periculosa»[1]). Il ne veut pas s'y opposer formellement, dans la mesure où elle est fondée sur des autorités éminentes; mais les difficultés qu'elle engendre le conduisent à mettre en garde ses adeptes contre les risques multiples qu'ils encourent. Quels que soient les auteurs qui furent réellement visés par Olivi, le fait est que ses critiques atteignent de plein fouet la théorie de la connaissance d'Henri de Gand.

Tout d'abord, soutenir que Dieu intervient directement dans la connaissance naturelle demande de s'expliquer précisément sur le mode de coopération des espèces abstraites et des raisons éternelles; or ce point est en vérité bien délicat, car on ne voit pas comment une espèce pourrait être présente à l'intellect sans rendre directement intelligible son objet. Olivi souligne ici, comme le fera Duns Scot, la difficulté voire impossibilité de concilier une théorie de l'illumination avec une théorie de la représentation objective – synthèse qu'avait justement tentée Henri[2].

Ensuite, dans la mesure où l'intervention de la lumière incréée, que l'on dit nécessaire à toute connaissance véritable, dépend de la seule volonté divine, alors il n'est pas vraiment en

intellectum nostrum quadam speciali irradiatione in omni actu intelligendi seu quandocumque aliquid actu intelligit. »

1. Olivi, *Quaestiones in secundum librum sententiarum*, *op. cit.*, 513.

2. « …quidam <…> ponunt <quod> rationes aeternae non sufficiunt ad scientiam, quia ut dicunt, intellectus noster non potest ad eas converti nisi excitatos a speciebus a rebus abstractis. Erit enim cum praedictis explicandum cuiusmodi excitatio est ista, et quomodo species abstracta potest esse in acie intelligentiae, quin tunc necessario in eodem instanti intelligat obiectum illius speciei et quomodo species excitet aliter quam faciendo intelligi obiectum. » Olivi, *Quaestiones in secundum librum sententiarum*, *op. cit.*, 512

notre pouvoir de comprendre ou d'intelliger, ni par conséquent de vouloir. On rend l'homme dépendant de la volonté divine pour des opérations qui pourtant fondent sa liberté[1].

Enfin, si rien de créé ne peut véritablement certifier la vérité, alors notre acte d'intellection, en tant qu'il est produit par une créature, n'aura en lui-même jamais de véritable force de certitude. Le risque encouru par cette théorie est donc bel et bien celui du *scepticisme*, non seulement envers la connaissance purement naturelle, mais aussi envers toute forme de connaissance humaine[2].

Poursuivant dans cette direction, Duns Scot n'hésitera pas à accuser Henri de Gand de scepticisme. Conscient que c'est la doctrine même de l'évêque d'Hippone qui pourrait être confondue par cette accusation, Duns Scot s'efforcera de montrer qu'Henri n'a fait que suivre le chemin des Académiciens, en croyant suivre celui d'Augustin[3]. En rupture complète avec l'exemplarisme, Duns Scot rejette toute intervention de principe de Dieu dans la connaissance naturelle. Il

1. « Cum etiam divina voluntas non dependet a nobis nec sit in potestate nostra, si actio intelligendi non potest in nobis esse infallibilis sine operatione a sola voluntate sua dependenti, sicut est actio repraesentationis idearum et sicut est actio irradiationis, tunc actio intelligendi et per consequens nec volendi non est in potestate nostra. » Olivi, *Quaestiones in secundum librum sententiarum*, *op. cit.*, 511.

2. « Ex parte etiam intellectus cavendum est ut non auferatur sibi possibilitas vere et certitudinaliter iudicandi et intelligendi. Si enim verum est quod nihil creatum potest infallibiliter certificare, tunc nec ipsa actio intelligendi, cum sit creata, haberet in se infallibilitatem, et ita nullum intelligere nostrum esset certum et infallibile. » Olivi, *Quaestiones in secundum librum sententiarum*, *op. cit.*, 510.

3. Duns Scot, *Ord.*, I, d. 3, p. 1, q. 4, n. 202-280 (Vat. III, 123-172); trad. O. Boulnois, *Sur la connaissance de Dieu et l'univocité de l'étant*, Paris, P.U.F., 1988, p. 168-201.

est certain que toute vérité possède son origine en Dieu, en tant qu'il est l'auteur de la création ; mais si par impossible Dieu cessait d'exister, alors toute vérité créée resterait identique à elle-même et l'intellect créé pourrait la connaître avec certitude comme auparavant. Dieu n'intervient d'aucune façon dans la connaissance naturelle, et c'est précisément en cela qu'elle est dite naturelle[1]. On se gardera toutefois d'en conclure qu'en s'écartant de l'exemplarisme, Duns Scot s'éloigne en même temps d'Augustin. Comme l'avait déjà fait valoir Olivi, la lecture exemplariste des textes d'Augustin est une lecture néo-platonicienne, qui n'est ni la seule ni la meilleure possible pour un chrétien[2]. Duns Scot, de son côté, fait valoir qu'il n'est nulle part question d'illumination spéciale dans les propos de l'évêque d'Hippone. L'interprétation scotiste de la connaissance « dans les raisons éternelles » repose ainsi sur deux thèses :

1) La vision directe des idées divines est un acte naturel pour l'intellect créé, car cet acte se produit par la vision d'objets, et l'intellect créé est par nature capable de percevoir tout objet. Même dans la vision directe des raisons éternelles, il n'y a donc plus d'illumination spéciale. « L'illumination spéciale n'est pas nécessaire pour voir dans les règles éternelles, puisque Augustin a posé qu'on n'y voyait que des choses vraies qui sont nécessaires par la force des termes. Et

---

1. *Cf.* Duns Scot, *Rep. par.*, Prol., qu. 3, quaestiuncula 4, n. 17 (Wad. XI, 23b) : « Si poneretur, per impossibile, quod Deus non esset et quod triangulus esset, adhuc habere tres angulos resolveretur ut in natura trianguli, unde licet huiusmodi subiecta secundum esse eorum sint a Deo, non tamen per rationem Dei includunt suas passiones virtualiter. »

2. *Cf.* Olivi, *II Sent.*, *op. cit.*, III, 502-505.

dans de telles choses se trouve la plus grande naturalité. »[1] Et peu importe que l'on dise ici que Dieu produise l'évidence de ces propositions nécessaires « par nécessité naturelle » ou « par une influence générale »; c'est au fond la même chose, et en tout état de cause ce n'est pas par un acte de la volonté divine (par influence spéciale).

2) La certitude que nous procure la lumière incréée n'est pas l'effet d'une relation d'imitation ou de comparaison. Duns Scot rejette catégoriquement que l'idée divine puisse jouer la fonction de modèle[2]. Au contraire, la présence de Dieu dans la certitude intellective implique que notre objet de connaissance, non pas imite, mais soit directement *identique* à l'objet particulier de l'intellect divin[3].

Ainsi, dans le processus de vision des idées divines, ce n'est plus l'intellect créé qui est illuminé par Dieu, c'est l'idée, comme objet intelligible, que Dieu rend visible à l'intellect créé. Du côté de l'intellect créé, le processus est purement naturel : il perçoit un objet qu'il ne pouvait jusqu'ici percevoir, simplement parce qu'il lui était caché. Les idées divines ne sont donc, pour l'intellect créé, que des objets comme les autres, mais dont simplement la plus grande perfection peut

---

1. Duns Scot, *Ord.* I, d. 3, n. 269 (Vat. III, 164); trad. O. Boulnois, *op. cit.*, p. 197.

2. *Cf.* en particulier *Lect.* I, d. 3, n. 187 (Vat. XVI, 299-300).

3. « Primo autem videtur sincera veritas a viatore obiective in luce aeterna, ita quod ipsa videatur, nam illud idem et sub eadem ratione obiectiva quod est secundarium obiectum intellectus divini, est obiectum viatoris. Et quia illa obiecta secundaria, ut obiciuntur intellectui divino, sunt lux quaedam sive luces incommutabiles et aeternae, et illa eadem obiciuntur intellectum viatoris, ideo secundum hoc dici potest quod viator videt veritatem in luce aeterna, quia videt essentiam lapidis vel alterius rei, quae secundum esse intelligibile semper fuit et aeterna. » Duns Scot, *Lect.* I, d. 3, n. 192 (Vat. XVI, 303).

procurer la félicité. Cette thèse inédite de l'identité de l'objet secondaire de l'intellect divin et de l'objet premier de l'intellect créé ouvre une ère nouvelle pour la théorie des idées divines. Entre l'intellect créé et l'intellect incréé, il existe désormais un domaine objectif commun. C'est ainsi qu'à la fin du Moyen Âge, certains iront jusqu'à soutenir que Dieu, comme tout autre intellect, ne fait que contempler un univers objectif en soi[1].

Indépendamment des discussions directes ou indirectes dont il fera l'objet, c'est sans doute par sa formulation de la question de la possibilité de la connaissance, et dans l'argumentation concrète qu'il exploite, que le texte traduit ci-dessous connaîtra sa plus grande postérité. A partir de la fin du XIIIe siècle, on voit se développer, en particulier dans les commentaires ou questions sur les *Seconds analytiques*, l'examen de l'objection du scepticisme ainsi que de la question de la possibilité d'une connaissance *ex puris naturalibus*[2]. Le scepticisme devenait identifiable comme une doctrine, comme un ensemble articulé de thèses portant sur l'origine et la nature de la connaissance, doctrine à laquelle le théologien ou philosophe se devait désormais d'apporter une réponse précise.

---

1. *Cf.* J. Schmutz, « Un Dieu indifférent. La crise de la science divine durant la scolastique moderne » *in* O. Boulnois, J. Schmutz, J.-L. Solère (éd.), *Le Contemplateur et les idées. Modèles de la science divine du néoplatonisme au XVIIIe siècle*, Paris, Vrin, 2002, p. 185-221.

2. Voir en particulier Walter Burley, *Quaestiones super librum Posteriorum*, ed. by M. C. Sommers, Pontifical Institute of Mediaeval Studies, 2000, q. 3-4, p. 64-82. Pour une recherche plus poussée, voir les références données par C. Grellard à la fin de son article : « Comment peut-on se fier à l'expérience ? Esquisse d'une typologie des réponses médiévales au problème sceptique. » *Quaestio*, 4 (2004), 113-135.

SUR LE TEXTE ET SA TRADUCTION

Le texte latin est celui de l'édition critique de Gordon Wilson : Henrici de Gandavo, *Summa (Quaestiones Ordinariae)*, art. I-V, editit G. A. Wilson, in *Henrici de Gandavo Opera Omnia*, vol. XXI. Ancient and Medieval Philosophy, De Wulf-Mansion Centre. Leuven University Press, 2005. La pagination correspondante est indiquée en marge par la lettre W, suivie du numéro de page.

La *Summa* d'Henri de Gand ayant été longtemps citée dans l'ancienne édition Badius (*Summae quaestionum ordinariarum theologi recepto praeconio solennis Henrici a Gandavo*, Parisiis, In aedibus J. Badii Ascensii, 1520. Reprint Franciscan Institute, New York, S. Bonaventure, 1955) nous avons également indiqué en marge la pagination correspondante pour le texte latin, précédée de la lettre B.

Dans son introduction, page XCVI, s'appuyant sur une étude de J. Decorte, Gordon Wilson explique qu'il existe trois types de citations chez Henri de Gand : 1) la citation qui recopie littéralement un texte source qu'il a sous les yeux ; 2) le propos qui ne recopie pas mais paraphrase ou résume la pensée ou le sens d'un texte bien identifié – propos qui est souvent introduit par une formule comme « selon le Philosophe, *Physique* II » ; 3) le propos (*dictum*) attribué à un auteur, mais qui ne renvoie pas nécessairement à un texte unique ou clairement identifié, et qui peut par exemple être extrait d'un florilège. Dans l'édition critique du texte latin, Wilson utilise les italiques pour indiquer les mots matériellement identifiés dans le texte source. Nous avons respecté cette typographie : elle offre l'avantage de voir immédiatement si le texte a été recopié littéralement, si un ou plusieurs mots ont été introduits ou changés, dans quelle mesure le texte a été réécrit ou paraphrasé. Toutefois, conserver les italiques à cette fin dans le texte français aurait pu égarer le lecteur francophone, dans la mesure où l'italique est habituellement utilisé en français pour mettre en valeur, pour *souligner* un terme ou un passage. Dans la traduction française, nous nous sommes donc efforcés (sans y réussir toujours) de conserver les références à ces éléments matériels de citation implicite ou explicite par des guillemets.

Exemple de référence de type 2 (q. 1, § 10).

Scire est hominis perfectio ad quam naturaliter ordinatur, quia « in scientia *speculativa* consistit eius *felicitas* », secundum Philosophum X° *Ethicorum.*

Or savoir est la perfection de l'homme à laquelle il est naturellement ordonné, car c'est dans la science « spéculative » que consiste sa « félicité », selon le Philosophe, *Ethique* X.

Exemple de référence de type 3 (q. 1, § 2 et q. 2, § 14)

L'adage « nihil scitur nisi verum » (« il n'est de savoir que du vrai »), qu'Henri de Gand introduit en se référant alternativement à Aristote, *Seconds Analytiques* livre I et à Augustin, *Quatre-vingt-trois questions diverses*, q. 1, et qui ne se trouve matériellement dans aucun de ces deux textes. Dans ce cas, « nihil scitur nisi verum » apparaît sans italiques.

Le but de ce volume bilingue étant de faciliter l'accès au texte pour le lecteur francophone, et non de se substituer à l'édition critique, les références complètes, longues et nombreuses du texte latin aux éditions latines de référence ont été supprimées, et les références du texte français ont été établies pour indiquer au lecteur français comment retrouver le texte source dans les traductions qui sont à sa disposition. A cette fin :

Pour Aristote, l'indication de livre et de chapitre accompagnée de la numérotation Bekker permet de retrouver aisément le passage dans toute édition française ;

Pour saint Augustin nous avons indiqué la place de la référence ou citation dans le volume correspondant (lorsqu'il existe) de la *Bibliothèque Augustinienne*, édition bilingue des œuvres d'Augustin publiée par l'Institut d'Etudes Augustiniennes (numéro de volume et pagination étant précédés du sigle BA). Le lecteur francophone qui n'a pas accès à la Bibliothèque Augustinienne pourra utiliser avec profit http://www.augustinus.it

Pour la plupart des philosophes médiévaux (Thomas d'Aquin, Averroès, Anselme, …) nous nous sommes limité à indiquer les références de chapitre, paragraphe, question, etc., sachant que l'accès à une traduction française est ou bien aisé (Thomas d'Aquin) ou bien très limité (Averroès).

Les références de pagination précédées de « trad. fr. » renvoient à :
Pour Cicéron, *Les Académiques. Academica*, traduction, notes et bibliographie par José Kany-Turpin, introduction par Pierre Pellegrin, Paris, GF-Flammarion, 2010 (édition bilingue).

Pour le livre des causes, *La demeure de l'être. Étude et traduction du* Liber de causis, trad. fr. P. Magnard, O. Boulnois, B. Pinchard, J.-L. Solère, « Philologie et Mercure », Paris, Vrin, 1990.

Pour Boèce, *Institution arithmétique*, texte établi et traduit par Jean-Yves Guillaumin, Paris, Belles Lettres, 1995.

Pour Jean Damascène, *La foi orthodoxe*, livres 1-44, édition bilingue, introduction, traduction et notes par P. Ledrux, Paris, Cerf, 2010.

HENRI DE GAND

SOMME DES QUESTIONS ORDINAIRES
PROLOGUE
ARTICLE 1, QUESTIONS 1-3

SUMMA (QUAESTIONES ORDINARIAE)
(PROEMIUM, art. I ; q. 1-3)

W3 || Quia *theologia* est scientia in qua est *sermo de Deo*[1] et de
B1r rebus divinis, ut dicit Augustinus VIII° *De civitate Dei*
– dicitur enim theologia quasi « deologia » a « Theos » Graece,
quod est « Deus » Latine[2], et « logos », <quod est> « sermo »
vel « ratio », quasi sermo vel ratio de Deo et de rebus divinis –,
ideo quaeritur hic primo quomodo theologia de Deo et
de rebus divinis sit scientia[3]; secundo quomodo in ea de Deo et
de rebus divinis locutio sit habenda[4]; tertio quae et qualia in
ea de Deo et de rebus divinis sint cognoscenda[5]. Ut autem
iuxta processum Augustini et eius intentionem in libris
De Academicis «*argumenta eorum quae multis ingerunt*

<PROLOGUE>

| | La théologie est une science contenant une parole W3 au sujet de Dieu[1] et des choses divines, ainsi qu'Augustin le dit B1r au livre VIII de *La cité de Dieu*. En effet, on l'appelle « théologie » comme si on disait « déologie », du grec « theos » qui veut dire « deus » (dieu) en latin[2], et de « logos » <qui veut dire> « parole » ou bien « raison », <pour dire> ainsi : « parole ou raison au sujet de Dieu et des choses divines ». Par conséquent, nous recherchons ici, premièrement, de quelle façon la théologie au sujet de Dieu et des choses divines est une science[3]; deuxièmement, comment nous devons parler des choses qui touchent à Dieu et aux choses divines[4]; troisièmement, quelles sont les choses touchant à Dieu et aux choses divines qui doivent être connues, et comment elles doivent l'être[5]. Toutefois, en suivant la progression d'Augustin, et son intention, dans son livre *Sur les Académiciens*, de sorte que « les arguments de ceux qui inculquent à beaucoup le

---

1. Augustin, *La Cité de Dieu*, VIII, c. 1 (BA 34, 229-233).
2. *Cf.* Thomas d'Aquin, *Somme théol.*, I[a], q. 1, art. 7, *sed contra*.
3. art. 19.
4. art. 20.
5. art. 21 *sq.*

veri inveniendi desperationem » [1], dicentium scilicet « *omnia esse incerta* » [2] et « *nihil posse sciri* » [3], « *quantis possumus rationibus amoveantur* » [4], paulo altius ordiendo quaerendum est hic primo de scientia et scibili communiter et in generali [5]; secundo de scientia et scibili propriis theologiae in speciali [6]. Et quia sacra scriptura solummodo ad hominis instructionem tradita est secundum Apostolum dicentem : « *quaecumque scripta sunt ad nostram doctrinam scripta sunt* » [7], ideo omnia hic dubitanda ad scientiam humanae instructionis sunt referenda.

W4 |

Quantum igitur pertinet ad possibilitatem humanae cognitionis, circa primum praedictorum quaerenda sunt hic quinque : primum de possibilitate sciendi; secundum de modo sciendi; tertium de qualitate scibilium; quartum de appetitu sciendi; quintum de studio sciendi.

désespoir de la vérité »[1], à savoir de ceux qui soutiennent que « toutes choses sont incertaines »[2] et que « rien ne peut être su »[3], « soient écartés par autant de raisons que possible »[4], il nous faut nous enquérir ici, en partant d'un point de vue un peu plus élevé, tout d'abord de la science et du connaissable communément et en général[5]; ensuite, de la science et du connaissable propres à la théologie en particulier[6]. Et puisque l'Écriture Sainte n'est transmise que pour l'instruction de l'homme – ainsi que le dit l'Apôtre : « tout ce qui | est écrit, est **W4** écrit pour notre enseignement »[7] –, pour cette raison toutes les choses dont on doit ici douter doivent être rapportées à la science de l'instruction humaine.

Ainsi, pour ce qui concerne la possibilité de la connaissance humaine, au sujet du premier des points indiqués, cinq recherches doivent être menées : <art. 1> premièrement, sur la possibilité de savoir; <art. 2> deuxièmement, sur le mode du savoir; <art. 3> troisièmement, sur la qualité du connu; <art. 4> quatrièmement, sur le désir de savoir; <art. 5> cinquièmement, sur l'étude du savoir.

1. *Cf.* Augustin, *Rétractations*, I, c. 1, § 1 (BA 12, 274).
2. Augustin, *Contre les Académiciens*, II, c. 5, § 11 (BA 4, 80).
3. Augustin, *Contre les Académiciens*, III, c. 5, § 12 (BA 4, 134).
4. Augustin, *Rétractations*, I, c. 1, § 1 (BA 12, 274).
5. art. 1-5.
6. art. 6-18.
7. *Rom.* XV, 4.

DE POSSIBILITATE SCIENDI

Circa possibilitatem sciendi quantum ad hominem pertinet, quaerenda sunt hic duodecim : primum, si contingat hominem aliquid scire; secundum, si contingat hominem aliquid scire sine divina illustratione; tertium, si homo cognoscat lucem divinam qua cognoscit alia; quartum, si contingat hominem scire a natura an ab acquisitione; quintum, si contingat hominem acquirere scientiam per se ipsum; sextum, si contingat hominem acquirere scientiam alio homine docente; septimum, si homo acquirat scientiam Deo in quolibet actu discendi docente; octavum, si contingat hominem acquirere scientiam angelo docente; nonum, si acquirens per se scientiam potest dici se ipsum docere; decimum, si contingat hominem acquirere scientiam nihil praesciendo; undecimum, si notitia praecedens omnem scientiam acquisitam sit homini innata; duodecimum, si contingat hominem aeque primo sine discursu cuiuslibet rei scientiam acquirere.

ARTICLE I

SUR LA POSSIBILITÉ DU SAVOIR

S'agissant de la possibilité du savoir, en tant qu'elle appartient à l'homme, douze recherches doivent être menées ici : <q. 1> Premièrement, s'il est possible à l'homme de savoir quelque chose ; <q. 2> Deuxièmement, s'il est possible à l'homme de savoir quelque chose sans une illumination divine ; <q. 3> Troisièmement, si l'homme connaît la lumière divine par laquelle il connaît le reste ; <q. 4> Quatrièmement, s'il est possible à l'homme de savoir par nature ou par acquisition ; <q. 5> Cinquièmement, s'il est possible à l'homme d'acquérir la science par soi-même ; <q. 6> Sixièmement, s'il est possible à l'homme d'acquérir la science par l'enseignement d'un autre homme ; <q. 7> Septièmement, si c'est par l'enseignement de Dieu que l'homme acquiert la science à chaque fois qu'il apprend ; <q. 8> Huitièmement, s'il est possible à l'homme d'acquérir la science par l'enseignement de l'ange ; <q. 9> Neuvièmement, si acquérir par soi la science peut être appelé « s'enseigner soi-même » ; <q. 10> Dixièmement, s'il est possible à l'homme d'acquérir la science sans rien connaître d'avance ; <q. 11> Onzièmement, si la connaissance qui précède toute science acquise est innée pour l'homme ; <q. 12> Douzièmement, s'il est possible à l'homme d'acquérir, à chaque fois de façon première et sans discours, la science de toutes choses.

UTRUM CONTINGAT HOMINEM ALIQUID SCIRE

B1rA | Circa primum istorum arguitur quod non contingit hominem scire quidquid.

1   Primo ex parte modi sciendi sic. Quidquid scit homo scit ex priori et notiori sibi[1], I° *Posteriorum* et I° *Physicorum*. Sic autem non contingit eum scire aliquid nisi sciendo illud per prius et notius eo, et eadem ratione illud per aliud prius et notius illo, et sic in infinitum. Sic autem procedendo ad scientiam nihil contingit scire omnino[2], secundum Philosophum II° *Metaphysicae*. Ergo etc.

S'IL EST POSSIBLE À L'HOMME DE SAVOIR QUELQUE CHOSE

\<ARGUMENTS CONTRE\>

| S'agissant de la première question, on soutient qu'il n'est **B1rA** pas possible à l'homme de savoir quoi que ce soit.

\<On argumente, \> premièrement, à partir du mode de la 1 science : tout ce que l'homme sait, il le sait à partir de ce qui est, pour lui, antérieur et plus connu, d'après *Seconds Analytiques* livre I et *Physique* livre I[1]. Mais alors il ne lui est possible de savoir une chose qu'en la sachant par une autre chose qui lui est antérieure et plus connue, et celle-ci, pour la même raison, par encore une autre chose qui lui antérieure et plus connue, et ainsi à l'infini. Mais en procédant ainsi dans la science, on ne peut rien savoir du tout, d'après le Philosophe, *Métaphysique* II[2]. Donc, *etc.*

---

1. Aristote, *Seconds Anal.*, I, c. 1, 71a 5-9 ; *Phys.*, I, c. 1, 184a 16-17.
2. Aristote, *Mét.*, α (II), c. 2, 994b 20-24.

2   Secundo ex parte medii quo scitur sic. Omnis humana cognitio intellectiva ortum habet a sensu[1], I° *Metaphysicae* et II° *Posteriorum*. Sed « *a sensibus corporis sincera veritas non est expetenda* »[2] secundum Augustinum *83 Quaestionum* q.e 9[a]. Ergo cognitione intellectiva non potest homo scire sinceram veritatem. Sed non contingit hominem scire nisi sciendo sinceram veritatem, quia nihil scitur nisi verum[3], I° *Posteriorum*, et non est veritas nisi sit sincera, | id est, pura a falsitate[4] secundum Augustinum *83 Quaestionum* q.e 1[a]. Ergo etc.

3   Tertio ex eodem medio arguebant negantes scientiam, sicut habetur IV° *Metaphysicae*, sic. Sensus nihil certi apprehendit de re, quia si aliquid apparet uni de re aliqua, contrarium eius apparet alteri de eadem, et quod apparet uni in uno tempore et in una dispositione, contrarium eius apparet eidem in alio tempore et in alia dispositione[5]. Quare cum intellectus nihil apprehendit nisi a sensu, intellectus nihil certi potest apprehendere de re quacumque.

Deuxièmement, <on argumente> à partir du moyen par 2 lequel on sait : toute connaissance intellective humaine a son origine dans les sens, d'après *Métaphysique* I et *Seconds analytiques* II[1]. Or « on ne saurait demander de vérité authentique aux sens corporels »[2], d'après Augustin, *83 Questions*, qu. 9. Par conséquent, par la connaissance intellective l'homme ne peut savoir de vérité authentique. Or l'homme ne peut savoir qu'en sachant une vérité authentique, puisqu'il n'y a de savoir que du vrai, *Seconds Analytiques*, livre I[3], et qu'il n'y a de vérité qu'authentique, | c'est-à-dire pure de toute fausseté, W6 d'après Augustin, *83 Questions*, qu. 1[4]. Donc, *etc.*

Troisièmement, les négateurs de la science argumentaient 3 par le même moyen, ainsi qu'on le voit au livre IV de la *Métaphysique*[5] : le sens n'appréhende rien de certain au sujet de la réalité, puisque si quelque chose apparaît à quelqu'un au sujet d'une certaine réalité, son contraire apparaît à quelqu'un d'autre au sujet de la même réalité, et ce qui apparaît à quelqu'un dans un moment donné et dans une certaine disposition, son contraire apparaît à la même personne à un autre moment et dans une autre disposition. C'est pourquoi, puisque l'intellect n'appréhende qu'à partir du sens, l'intellect ne peut rien appréhender de certain au sujet de quoi que ce soit.

---

1. Aristote, *Mét.*, A (I), c. 1, 980a 21 – 981a 6; *Seconds Anal.* II, c. 19, 100b 3-5 *et* 100a 3.

2. Augustin, *Quatre-vingt-trois questions diverses*, q. 9 (BA 10, 58-60).

3. *Cf.* Aristote, *Seconds Anal.* I, c. 2, 71b 9 – 72b 4.

4. *Cf.* Augustin, *Quatre-vingt-trois questions diverses*, q. 1 (BA 10, 52).

5. Aristote, *Mét.*, Γ (IV), c. 6, 1011a 31-35.

Non potest autem esse scientia nisi apprehendendo aliquid certum et determinatum[1] secundum Philosophum VI° *Metaphysicae*. Ergo etc.

4   Quarto ex parte scibilis, et est similiter argumentum eorum[2] IV° *Metaphysicae*, sic. Scientia non est nisi de fixo et permanenti[3] secundum Boethium I° *Arithmeticae*. In rebus B1v autem | sensibilibus, ex quibus habetur omnis humana cognitio mediante sensu, non est aliquid fixum aut permanens secundum Augustinum, qui dicit *83 Quaestionum* q.e 9a, «*Quod sensibile dicitur sine ulla intermissione temporis commutatur*»[4]. Ergo etc.

5 | Quinto ex parte scientis, et est argumentum Menonis W7 quo negabat scientiam in principio *Posteriorum*[5], ut dicit Commentator super IXum *Metaphysicae*[6], sic. «*Nemo addiscit nisi qui aliquid novit*»[7], secundum Augustinum III° *De Academicis* et Philosophum IX° *Metaphysicae*. Qui autem

Or il ne saurait y avoir de science que par appréhension de quelque chose de certain et déterminé, d'après le Philosophe, *Métaphysique* VI[1]. Donc, *etc.*

Le quatrième argument procède à partir du connaissable, 4 et il est semblable à leur argument en *Métaphysique* IV[2] : la science ne porte que sur ce qui est fixe et permanent, d'après Boèce, *Arithmétique*, livre I[3]. Or, dans les choses sensibles, | dont toute la connaissance humaine résulte par le moyen du **B1v** sens, il n'y a rien de fixe ou de permanent, selon Augustin qui dit dans les *83 Questions*, q. 9, que « ce qu'on appelle sensible se trouve en changement continuel. »[4] Donc, *etc.*

| Le cinquième argument procède à partir du connaissant, et 5 il s'agit de l'argument de Ménon par lequel il niait la science au **W7** début des *Seconds analytiques*[5], ainsi que le dit le Commentateur sur le livre IX de la *Métaphysique*[6]. « Personne n'apprend s'il ne connaît rien », selon Augustin, *Les Académiciens*, III, et le Philosophe, *Métaphysique*, IX[7]. Or celui qui connaît

---

1. *Cf.* Aristote, *Mét.*, E (VI), c. 4, 1027a 20-22.

2. *Cf.* Aristote, *Mét.*, Γ (IV), c. 5, 1010a 1 – 1011a 2 ; *cf.* Averroès, *Gd. Comm. sur la Mét.*, IV, comm. 22.

3. *Cf.* Boèce, *Institution arithmétique*, trad. fr. J.-Y. Guillaumin, Paris, Les Belles Lettres, 1995, I, c. 1, p. 6.

4. Augustin, *Quatre-vingt-trois questions diverses*, q. 9 (BA 10, 58-60).

5. Aristote, *Seconds Anal.* I, c. 1, 71a 29-30.

6. *Cf.* Averroès, *Gd. Comm. sur la Mét.*, IX, comm. 14.

7. Augustin, *Contre les Académiciens*, III, c. 3, § 5 (BA 4, 120); Aristote, *Mét.*, Θ (IX), c. 8, 1049b 34 – 1050a 1.

aliquid novit non addiscit, quia «*discere est motus ad sciendum*»[1]. Nemo ergo est qui aliquid addiscit. «*Nemo autem potest habere disciplinam qui nihil didicit*»[2], secundum Augustinum ibidem. Ergo etc.

6   Sexto arguitur ex eodem medio aliter formando argumentum sic. «*Nihil addiscit qui nihil novit. Non potest* autem *habere disciplinam qui nihil addiscit*»[3]. Ergo «*non potest habere disciplinam qui nihil novit*». Homo quilibet ab initio nihil novit, quia intellectus humanus, antequam recipiat species, est «*sicut tabula* nuda *in qua nihil depictum est*»[4], ut dicitur in III° *De anima*. Ergo etc.

7 | Septimo ex parte obiecti sic. Ille non potest scire rem qui
W8 non percipit essentiam et quidditatem rei[5], sed solum idolum eius, quia non novit Herculem qui solum vidit picturam eius. Homo autem nihil percipit de re nisi solum idolum eius ut speciem receptam per sensus, quae idolum rei est, non ipsa res. «*Lapis* enim *non est in anima, sed species* lapidis»[6]. Ergo etc.

déjà quelque chose ne l'apprend pas, puisqu'« apprendre est un mouvement vers le savoir »[1]. Par conséquent, personne n'apprend rien. « Or personne ne peut posséder de science sans avoir rien appris », selon Augustin, au même endroit[2]. Donc, *etc.*

Sixièmement, on argumente par le même moyen, en formant autrement l'argument : « N'apprend rien qui ne connaît encore rien. Or, celui qui n'apprend rien ne peut posséder une science. »[3] Donc, « celui qui ne connaît encore rien ne peut posséder de science ». Or, au départ, l'homme ne connaît encore rien, puisque l'intellect humain, avant qu'il ne reçoive une espèce, est « comme une tablette nue sur laquelle rien n'est écrit », comme il est dit dans le *Traité de l'âme*, livre III[4]. Donc, *etc.*

| On argumente septièmement à partir de l'objet : celui qui ne perçoit pas l'essence ou quiddité d'une chose, mais seulement son image, ne peut savoir cette chose[5] ; car celui qui ne voit qu'une peinture d'Hercule ne connaît pas Hercule. Or, l'homme ne perçoit d'une chose que son image en tant qu'espèce reçue des sens, laquelle espèce est bien une image de la chose, et non cette chose elle-même. « Car ce n'est pas la pierre qui est dans l'âme, mais l'espèce de la pierre »[6]. Donc, *etc.*

1. *Cf.* Aristote, *Phys.*, III, c. 1, 201a 15-18 ; Averroès, *Comm. sur la Phys.*, III, comm. 7 ; Thomas d'Aquin, *Comm. sur la Phys.*, V, l. 8.

2. Augustin, *Contre les Académiciens*, III, c. 3, § 5 (BA 4, 120).

3. *Ibid.*

4. Aristote, *De l'âme*, III, c. 4, 429b 30 – 430a 2.

5. *Cf.* Aristote, *Mét.*, B (III), c. 2, 996b 15 – 19.

6. Aristote, *De l'âme*, III, c. 8, 431b 29 – 432a 1.

8　　　In contrarium arguitur primo argumento Commentatoris super principium II *Metaphysicae* sic. « Desiderium naturale non est frustra »[1]. « *Homo* », secundum Philosophum in principio *Metaphysicae*, « *natura scire desiderat* »[2]. Ergo desiderium hominis ad scire non est frustra. Esset autem frustra, nisi contingeret eum scire. Ergo etc.

9　　　Secundo ex eodem medio aliter formando argumentum sic. Quod homo naturaliter desiderat possibile est ei contingere[3]. Secundum enim quod dicit Augustinus IV° *Contra Iulianum*, « *Neque omnes homines naturali instinctu beati esse vellemus nisi esse possemus* »[4]. « *Homo naturaliter scire desiderat* »[5]. Ergo etc.

10　　| Tertio adhuc quasi ex eodem medio sic. Unumquodque
W9　potest attingere suam perfectionem ad quam naturaliter ordinatur, quia aliter esset frustra. Scire est hominis perfectio ad quam naturaliter ordinatur, quia « in scientia *speculativa* consistit eius *felicitas* »[6], secundum Philosophum X° *Ethicorum*. Ergo etc.

<ARGUMENTS POUR>

On argumente à l'opposé. Premièrement, par l'argument 8 du Commentateur au début du livre II de la *Métaphysique* : « Le désir naturel n'est pas vain. »[1] « L'homme », selon le Philosophe au début de la *Métaphysique*, « désire par nature savoir »[2]. Donc, le désir de savoir de l'homme n'est pas vain. Mais il serait vain s'il ne lui était pas possible de savoir. Donc, *etc.*

Deuxièmement, par le même moyen, et en formant 9 l'argument autrement : ce que l'homme désire naturellement, peut lui arriver[3]. En effet, selon le propos d'Augustin dans le livre IV de *Contre Julien*, « nous autres hommes, nous ne voudrions pas tous, par un instinct naturel, être heureux, si nous ne pouvions l'être. »[4] Or l'homme désire naturellement savoir[5]. Donc, *etc.*

| Troisièmement, de nouveau quasiment par le même 10 moyen : toute chose peut atteindre sa perfection, à laquelle elle **W9** est naturellement ordonnée, sans quoi elle existerait en vain. Or savoir est la perfection de l'homme à laquelle il est naturellement ordonné, car c'est dans la science « spéculative » que consiste sa « félicité », selon le Philosophe, *Ethique* X[6]. Donc, *etc.*

---

1. *Cf.* Averroès, *Gd. Comm. sur la Mét.*, II, comm. 1.
2. Aristote, *Mét.*, A (I), c. 1, 980a 21.
3. *Cf.* Averroès, *Gd. Comm. sur la Mét.*, II, comm. 1.
4. Augustin, *Contre Julien, en six livres*, IV, c. 3, § 19.
5. Aristote, *Mét.*, A (I), c. 1, 980a 21.
6. Aristote, *Eth. à Nic.*, X, c. 7, 77a 16-18.

11   Quarto sic. Philosophus dicit III° et IV° *Metaphysicae* et
II° *Caeli et mundi* : Quod non potest compleri impossibile est
ut incipiat fieri ab agente per naturam vel per rationem, quia
omnis motus habet finem et complementum propter quem
est[1]. Sed secundum eundum I° *Metaphysicae* «*homines
philosophati* sunt et prudentiam *primo inceperunt* investigare
propter id quod est scire et intelligere et *fugere ignorantiam*»[2].
Possibile est ergo hominem scire et intelligere.

12   Quinto sic. Secundum Augustinum *De vera religione*,
« *qui dubitat* an contingat aliquid scire *se* dubitare *non dubitat,
sed certus est*»[3]. Non est autem certus nisi de vero quod scit.
Ergo illum qui dubitat se scire necesse est concedere se aliquid
scire. Hoc autem non esset, nisi contingeret eum aliquid scire
cum contingit eum dubitare. Ergo etc.

13 | Sexto quasi eadem via arguunt Philosophus et eius
W10 Commentator IV° *Metaphysicae* sic[4]. Qui negat scientiam
esse dicit in hoc quia certus est quod non est scientia; et non est
certus nisi de aliquo quod scit; ergo qui negat scientiam esse et
quod hominem non contingit scire necesse habet concedere

Quatrièmement, ainsi : en *Métaphysique* III et IV et au 11 livre II *Du Ciel et du monde*[1], le Philosophe dit qu'il est impossible qu'un agent par nature ou par raison commence à réaliser ce qui ne peut pas être achevé, puisque tout mouvement possède la fin et l'accomplissement en vue de laquelle il existe. Or selon le Philosophe toujours, en *Métaphysique* I[2], « les hommes ont commencé à philosopher » et « ils ont tout d'abord » recherché la prudence dans le but de savoir, d'intelliger et « de fuir l'ignorance ». Par conséquent, il est possible à l'homme de savoir et d'intelliger.

Cinquièmement, ainsi : selon Augustin, *La vraie religion*[3], 12 « celui qui doute » qu'il peut savoir quelque chose, « ne doute pas » qu'il doute, mais « en est certain ». Or il n'est certain que de ce qu'il connaît comme vrai. Celui qui doute qu'il sait doit donc nécessairement concéder qu'il sait quelque chose. Mais cela ne serait, s'il ne lui était pas possible de savoir quelque chose lorsqu'il est en état de douter. Donc, *etc*.

| C'est, sixièmement, quasiment par la même méthode 13 qu'argumentent le Philosophe et son Commentateur au **W10** livre IV de la *Métaphysique*[4] : celui qui nie l'existence de la science, affirme en cela qu'il est certain qu'il n'y a pas de science ; et il n'est certain qu'au sujet de quelque chose qu'il sait ; ainsi, celui qui nie l'existence de la science, et la possibilité pour l'homme de savoir, doit nécessairement concéder

---

1. Aristote, *Mét.*, α (II), c. 2, 994b 9-16 ; B (III), c. 2, 996a 22-29 ; *Du ciel*, II, c. 12, 292a 20-21.

2. Aristote, *Mét.*, A (I), c. 2, 982b 11-22.

3. Augustin, *La vraie religion*, c. 39, § 73 (BA 8, 132).

4. Aristote, *Mét.*, Γ (IV), c. 5, 1010a1-32 ; Averroès, *Grand commentaire sur la* Métaphysique, IV, comm. 22.

scientiam esse et quia contingit hominem aliquid scire. Et
est haec ratio consimilis rationi illi qua Philosophus concludit
in IV°*Metaphysicae* quod illum «*qui negat loquelam* esse
necesse est *concedere loquelam* esse»[1].

<SOLUTIO>

14 | Dicendum quod scire large accepto ad omnem notitiam
B1vB certam qua cognoscitur res sicut est absque omni fallacia et
deceptione, et sic intellecta et proposita quaestione contra
negantes scientiam et omnem veritatis perceptionem, mani-
festum est et clarum quia contingit hominem scire aliquid, et
hoc secundum omnem modum sciendi et cognoscendi. Scire
enim potest aliquis rem aliquam dupliciter: vel testimonio
alieno et exteriori vel testimonio proprio et interiori.

15   Quod primo modo contingit aliquid scire, dicit Augustinus
contra Academicos XV° *De Trinitate* cap.° 12°. «*Absit*»,
inquit, «*ut scire nos negemus quae testimonio didicimus*
W11 *aliorum. Alioquin nescimus* | *oceanum nec scimus esse terras*
atque urbes, quas celeberrima fama commendat ; nescimus
fuisse homines et opera eorum, quae historica lectione
didicimus ; postremo nescimus in quibus locis vel ex quibus

l'existence de la science et la possibilité pour l'homme de savoir quelque chose. Et c'est par un raisonnement semblable que le Philosophe conclut <au sujet du principe de non-contradiction>, dans le livre IV de la *Métaphysique*[1], que « celui qui nie l'existence du discours », doit « concéder l'existence du discours. »

<SOLUTION>

| Voici ce qu'il faut répondre contre ceux qui nient la **14** science et toute perception de la vérité : en prenant « savoir » **B1vB** au sens large pour toute connaissance certaine par laquelle la chose est connue telle qu'elle est, sans aucune erreur ni tromperie, et la question étant formulée et entendue en ce sens, il est manifeste et clair qu'il est possible à l'homme de savoir quelque chose, et cela selon tout mode de savoir et de connaître. Chacun, en effet, peut connaître une chose quelconque de deux façons : (*a*) ou bien par le témoignage extérieur d'autrui, (*b*) ou bien par le témoignage intérieur propre.

Que l'on puisse savoir quelque chose selon le premier **15** mode (*a*), c'est ce que soutient Augustin contre les Académiciens au livre XV, chapitre 12 de *La Trinité* : « Loin de nous », dit-il, « de nier que nous apprenons par le témoignage d'autrui. Autrement, nous ne saurions pas qu'il y a un | Océan ; nous ne **W11** saurions pas qu'il y a des terres et des villes, que leur renom a rendues très célèbres ; nous ne saurions pas qu'il y a eu des hommes et qu'ils ont accompli des œuvres que la lecture des historiens nous fait connaître ; enfin, nous ne saurions pas où ni

---

1. Aristote, *Mét.*, Γ (IV), c. 4, 1006a26 ; *cf.* Averroès, *Gd. Comm. sur la Mét.*, IV, comm. 10.

hominibus fuerimus exorti, quia haec omnia testimoniis didicimus *aliorum* »[1].

16   Quod autem secundo modo contingit aliquid scire et rem percipere sicuti est, manifestum est ex eis quae experimur in nobis et circa nos, et hoc tam in cognitione sensitiva quam intellectiva. In cognitione enim sensitiva sensus ille vere rem percipit, sicuti est sine omni deceptione et fallacia, cui in actione propria sentiendi suum proprium obiectum non contradicit aliquis sensus verior vel intellectus acceptus ab alio sensu veriori, sive in eodem sive in alio. Nec de eo quod sic percipimus dubitandum est quin percipiamus ipsum sicuti est. Nec oportet in hoc aliquam aliam ulteriorem causam certitudinis quaerere, quia, ut dicit Philosophus, « *quaerere ratio-* B2r *nem cuius habemus sensum*, | *infirmitas intellectus est*; cuius enim *dignius habemus* aliquid *quam rationem*, non est quaerenda ratio »[2]. Experimentum enim sermonum verorum est ut conveniant rebus sensatis. Hinc est quod dicit Augustinus ubi supra : « *Absit a nobis ut ea quae per sensus corporis didicimus* W12 | *vera esse dubitemus. Per eos* enim *didicimus caelum et terram et ea quae in eis nobis nota sunt* »[3]. Hinc etiam Tullius in libro suo *De Academicis,* volens probare contra Academicos quia contingit aliquid certitudinaliter scire, dicit sic :

de qui nous sommes nés ; car toutes ces choses nous les avons apprises du témoignage d'autrui » [1].

Mais qu'au second mode (*b*), il soit possible de savoir et **16** percevoir la chose telle qu'elle est, c'est ce qui est manifeste à partir de ce dont nous faisons l'expérience en nous-mêmes et à notre sujet, et ce tant dans la connaissance sensitive qu'intellective. En effet, dans la connaissance sensitive, le sens qui perçoit lui-même et véritablement la chose telle qu'elle est, sans aucune erreur ni tromperie, est celui qui, dans son action propre de sentir son objet propre, n'est pas contredit par un sens plus vrai ou par une intellection reçue d'un autre sens plus vrai, que ce soit dans le même <individu> ou dans un autre. Et il n'y a pas à douter que ce qui est ainsi perçu ne soit pas perçu lui-même tel qu'il est. Et il n'est pas nécessaire de rechercher ici une cause supplémentaire de certitude, puisque, comme le dit le Philosophe [2], « rechercher une raison » pour ce dont nous avons une « sensation | est faiblesse de l'intellect ». Ce que **B2r** « l'on possède en effet plus parfaitement que par une raison », il n'y a pas à en chercher de raison. En effet, on fait l'expérience de la vérité des discours en tant qu'ils correspondent aux choses senties. De là le propos d'Augustin plus haut : « Loin de nous l'idée de mettre en doute la vérité des choses | que nous atteignons par les sens corporels : c'est en effet par **W12** eux que nous avons appris à connaître le ciel, la terre, et les choses qu'ils renferment qui nous sont connues. » [3] Tullius <Cicéron> également, dans son livre *Des Académiciens*, en voulant établir contre les Académiciens qu'il est possible de savoir quelque chose avec certitude, affirme ceci :

1. Augustin, *La Trinité*, XV, c. 12, § 21 (BA 16, 482).
2. *Cf.* Aristote, *Phys.*, VIII, c. 3, 253a32-33 et 254a30-32.
3. Augustin, *La Trinité*, XV, c. 12, § 21 (BA 16, 482).

« *Ordiamur a sensibus, quorum ita clara iudicia et certa sunt ut si optio naturae detur, non videam quid quaeratur amplius. Meo iudicio maxima est in sensibus veritas, si et sani sunt ac valentes et omnia removentur quae obstant et impediunt. Aspectus ipse fidem facit sui iudicii* »[1].

De fide vero in cognitione intellectiva, quia contingit per eam aliquid vere scire sicuti est, statim subiungit ibidem dicens : « *At qualia sunt haec quae de sensibus percipi dicimus, talia sequuntur ea quae non sensibus percipi dicuntur, ut haec "ille est albus, ille est canus". Deinde sequuntur maiora, ut "si homo est, animal est". Quo ex genere notitia rerum nobis imprimitur* »[2].

17   Cognitione igitur intellectiva, sicut iam dictum est de cognitione sensitiva, intellectus ille vere rem percipit, sicuti est sine omni deceptione et fallacia, cui in actione propria intelligendi non contradicit intellectus verior vel acceptus a sensu veriori. Nec de tali intellectu plus dubitandum est quam de sensu. Unde Augustinus ubi supra : « *Cum duo sunt genera rerum quae sciuntur, unum eorum quae per sensus corporis percipit animus, alterum eorum quae per se ipsum, multa illi* W13 *philosophi* (loquitur de | Academicis) *garriunt contra corporis*

«Commençons donc par les sens. Leurs jugements sont si clairs et si certains, que quand bien même la nature nous donnerait le choix, je ne verrais pas ce que nous pourrions désirer de plus. Á mon avis, la vérité se trouve au plus haut point dans les sens, lorsqu'ils sont sains et intacts, et lorsqu'on a écarté tout ce qui peut leur faire obstacle ou les empêcher. Le regard produit lui-même la confiance dans son propre jugement. »[1] Cependant, s'agissant de la confiance dans la connaissance intellective, et quant à savoir si par elle il est possible de connaître avec vérité quelque chose tel qu'il est, il ajoute aussitôt : « Telles sont les choses dont nous disons que les sens ont la perception, telles sont aussi celles que nous disons n'être pas perçues par les sens, comme "ceci est blanc", "ceci est sonore". Viennent ensuite des choses plus importantes, comme "si c'est un homme, c'est un animal". C'est ainsi que s'impriment en nous les notions des choses. »[2]

Par conséquent, comme il a été dit au sujet de la [17] connaissance sensitive, par la connaissance intellective l'intellect qui perçoit la chose en vérité telle qu'elle est, sans aucune erreur ni tromperie, est celui qui, dans son action propre d'intellection, n'est pas contredit par une intellection plus vraie, ou bien reçue d'un sens plus vrai. Et au sujet d'une telle intellection il n'y a pas davantage lieu de douter qu'au sujet d'une sensation. De là le propos d'Augustin plus haut : « Comme il y a deux sortes de connaissances, à savoir celles que l'âme perçoit par les sens corporels et celles qu'elle perçoit par elle-même, ces philosophes (il parle des | Académiciens) se [W13] sont abondamment moqué des sens corporels, alors qu'en

1. Cicéron, *Académiques*, livre II, c. 7, § 19 (trad. fr., p. 141).
2. Cicéron, *Académiques*, livre II, c. 7, § 21 (trad. fr., p. 143-144).

sensus, cum tamen *quasdam firmissimas per se ipsas perceptiones rerum verarum nequaquam in dubium vocare potuerunt, quale est illud, "scio me vivere"* »[1]. « *In quo non metuimus ne aliqua veri similitudine fallamur, quoniam certum est eum qui fallitur vivere* ». « *Ubi nec Academicus dicere potest : "fortassis dormis et nescis et in somniis vides", quia nec in ea scientia per somnia falli potest, quia et dormire et in somniis videre viventis est. Nec illud Academicus dicere potest : "furis fortassis et nescis", quia sanorum visis similia sunt etiam visa furentium. Sed qui furit vivit, nec contradicit Academicus. Non ergo fallitur nec mentiri potest qui dixerit scire se vivere* »[2]. Nec de hoc alia probatio requirenda est quam illa quae habetur ex exercitio intellectus et per signa evidentia a posteriori, qualia inferius ponentur.

18 |Contra hoc tamen antiquitus vigebant septem errores, tam
B2rC ex parte sensus, tam ex parte intellectus, quorum quinque
reprobat Philosophus IV° *Metaphysicae*, illorum scilicet
errorem qui negabant scientiam[3] negando illud principium
W14 scientiale « *de quolibet | affirmatio vel negatio, et non simul de*

aucune manière ils n'ont pu révoquer en doute certaines perceptions par elles-mêmes très fermes portant sur des choses vraies, telle que : "je sais que je vis". »[1] « En cela, nous ne craignons pas d'être dupes de fausses vraisemblances, car il est bien certain que celui-là même qui se trompe, est vivant. » « Et ici l'Académicien ne peut pas répondre : "peut-être dors-tu sans le savoir, et ce que tu vois, est-ce en songe que tu le vois", car il s'agit d'une science que le sommeil ne peut rendre illusoire, puisqu'aussi bien dormir que voir en songe sont le fait d'un vivant. Et à cela l'Académicien ne peut pas objecter davantage : "peut-être es-tu fou et tu l'ignores", puisque les visions de l'homme sain sont semblables à celles du fou. Mais que celui qui est fou vit, voilà ce que l'Académicien ne contredit pas. Ainsi, celui qui dit qu'il sait qu'il vit ne peut se tromper ni mentir. »[2] Et sur ce point il n'y a pas d'autre preuve à rechercher que celle que l'on possède par l'exercice de l'intellect et par des signes évidents *a posteriori*, dont nous exposerons la nature plus tard.

‹Les sept erreurs des anciens›

| Cependant, contre cela, aux anciens temps fleurissaient 18 sept erreurs, concernant aussi bien les sens que l'intellect. Le **B2rC** Philosophe en réfute cinq en *Métaphysique* IV[3], à savoir l'erreur de ceux qui niaient la science en niant ce principe scientifique : « pour toute chose, | l'affirmation ou la négation **W14** ‹seule est vraie›, et non les deux ensemble au sujet de la même

1. Augustin, *La Trinité*, XV, c. 12, § 21 (BA 16, 482).
2. Augustin, *La Trinité*, XV, c. 12, § 21 (BA 16, 478).
3. *Cf.* Aristote, *Mét.*, Γ (IV), c. 4-8, 1006a 1 – 1012b 31.

eodem »[1]. Sextum vero, qui erat Menonis negantis hominem posse addiscere[2], reprobat in principio *Posteriorum*. Septimum autem, qui erat Academicorum negantium veri perceptionem, reprobant Augustinus et Tullius in libris suis *De Academicis*.

19   Eorum autem contra quorum errores disputat Philosophus in IV° *Metaphysicae*, quidam dicebant quod omnia essent falsa, quidam vero quod omnia essent vera, alii vero quod omnia essent vera et falsa simul[3].

20   Eorum vero qui dicebant quod omnia essent falsa, quidam rationem opinionis suae acceperunt ex parte rei, ut Anaxagoras et Xenophanes[4], qui dicebant quod « *omne* esset *admixtum cum omni* »[5], quia videbant omne fieri ex omni, « et illud *mixtum dicebant esse neque ens neque non ens*, et quasi *neutrum extremorum*, sed *medium* per abnegationem inter ipsa »[6], et ideo impossibile esse ut aliquid aestimetur vere, sed quod omnes aestimationes essent falsae,

chose » [1]. Quant à la sixième, qui était celle de Ménon niant que l'homme puisse apprendre, il la réfute au début des *Seconds analytiques* [2]. La septième enfin, qui est celle des Académiciens niant la perception du vrai, elle est réfutée par Augustin et Tullius <Cicéron> dans leurs livres *Des Académiciens*.

Cependant, parmi ceux dont le Philosophe discute les 19 erreurs en *Métaphysique* IV, certains disaient que toutes choses étaient fausses, tandis que d'autres disaient que toutes choses étaient vraies, et d'autres enfin que toutes choses étaient à la fois vraies et fausses [3].

Parmi ceux qui soutenaient que toutes choses étaient 20 fausses, certains justifiaient leur opinion par la nature des choses. Ainsi, Anaxagore et Xénophane [4] soutenaient que « toutes choses sont mélangées avec toutes choses » [5], pour la raison qu'ils percevaient que tout est produit à partir de tout, et « ils disaient que ce mélange n'est ni étant ni non-étant, soit précisément aucun des extrêmes, mais, par négation, un moyen terme entre eux » [6], de sorte qu'il était impossible de juger quelque chose avec vérité, que tous les jugements étaient faux,

1. Aristote, *Mét.*, Γ (IV), c. 3, 1005b 19-20, 23-24.
2. *Cf.* Aristote, *Seconds Anal.* I, c. 1, 71a 29-30.
3. *Cf.* Aristote, *Mét.*, Γ (IV), c. 4-8, 1006a 1 – 1012b 31.
4. *Cf.* Aristote, *Mét.*, Γ (IV), c. 4, 1007b 25.
5. Aristote, *Mét.*, Γ (IV), c. 5, 1009a 26.
6. Averroès, *Gd. Comm. sur la Mét.*, IV, comm. 28.

et quod sic non esset scientia de aliquo, quia scientia solum verorum est, ut dicitur I° *Posteriorum*[1].

Isti errabant non distinguendo ens in potentia ab ente in
W15 actu. « In | *potentia* enim *contraria* et contradictoria sunt *simul, non autem* in *actu* »[2]. Circa entia enim in actu solummodo est distinctio contrariorum et contradictoriorum, quod scilicet aliquid sit determinate hoc et non illud, per quod est determinata veritas et scientia de aliquo, quod sit ipsum et non aliud.

21   Alii vero dicebant quod omnia essent falsa, sumentes rationem suam ex parte sensus, ut Democritus et Leucippus[3], qui dixerunt quod « *idem sentitur a quibusdam quidem dulce et a quibusdam amarum* »[4], et quod « isti *non differunt nisi* secundum multitudinem et paucitatem, quia scilicet *illi quibus* videtur *dulce* sunt *plures* et *sani, quibus* vero *amarum, sunt pauci* et *infirmi* »[5]. Nihil ergo, ut dicebant, est in rei veritate determinate tale vel tale, immo quodlibet nec tale est nec tale, et sic nihil est verum, sed omnia sunt falsa, et non est omnino scientia. « *Causa erroris istorum erat quia aestimabant quod intellectus* et *sensus* idem essent et *scientia* a *sensu comprehenderetur*. Unde *cum* eis *visum* fuit *quod*

et qu'ainsi il n'y avait de science au sujet de rien, puisqu'il n'y a de science que du vrai, comme il est dit aux *Seconds analytiques*, livre I[1]. Ceux-là se trompaient en ne distinguant pas l'être en puissance de l'être en acte : | « car les contraires » **W15** et les contradictoires « sont unis en puissance, mais non pas en acte. »[2] En effet, ce n'est que pour les étants en acte qu'il y a séparation des contraires et des contradictoires, c'est-à-dire que quelque chose est de façon déterminée ceci et non cela. De ce fait, il existe une vérité et une science déterminée d'une chose qui est elle-même, et non une autre.

D'autres, toutefois, soutenaient que toutes choses étaient 21 fausses, et le justifiaient par la sensation, comme Démocrite et Leucipe[3] qui ont dit que « le même est senti par certains comme doux et par d'autres comme amer »[4] et qu'« ils ne se distinguent que selon le grand ou le petit nombre, puisque ceux qui perçoivent du doux sont plus nombreux et en bonne santé, tandis que ceux qui perçoivent de l'amer sont peu nombreux et malades. »[5] Par conséquent, disaient-ils, rien n'est de manière déterminée tel ou tel dans la vérité de la chose, au contraire toute chose n'est ni ainsi, ni autrement, de sorte que rien n'est vrai mais que toutes choses sont fausses, et qu'il n'y a pas du tout de science. « La cause de leur erreur était qu'il jugeaient que l'intellect et le sens sont identiques et que la science est obtenue par la sensation. Comme ils s'étaient aperçus que les

1. *Cf.* Aristote, *Seconds Anal.*, I, c. 2, 71b 9 – 72b 4.

2. Aristote, *Mét.*, Γ (IV), c. 5, 1009a 35 ; Averroès, *Gd. Comm. sur la Mét.*, IV, comm. 15 *et* 20.

3. *Cf.* Aristote, *Mét.*, Γ (IV), c. 5, 1009b 12.

4. Aristote, *Mét.*, Γ (IV), c. 5, 1009b 1-5.

5. Averroès, *Gd. Comm. sur la Mét.*, IV, comm. 21.

sensibilia diversam habent dispositionem apud sensum nec aliquid certi sentiretur, crediderunt quod nec aliquid certe sciretur »[1].

22   Horum opinioni annexa fuit opinio Academicorum, de qua
W16 dicit | Augustinus quod «*affirmabant ab homine nihil* veri aut certi *percipi posse* »[2], non tamen hominem debere cessare a veritatis inquisitione, *veritatem autem* dicebant aut *solum Deum nosse aut fortasse animam hominis* exutam corpore[3], et quod hoc intendebant de *rebus* tantum *quae pertinent ad philosophiam*, de aliis autem *non curabant*[4].

Ratio eorum, secundum quod recitat Augustinus, fuit quia dicebant «solum *his signis verum posse cognosci quae non possent habere* rationem *falsi* »[5], ita quod verum a falso dissimilibus notis discerneretur nec haberet cum falso signa communia, et sic id quod verum est falsum apparere non posset; talia autem signa inveniri posse, impossibile esse credebant; et ideo concludebant quod veritas propter quasdam naturae tenebras vel non esset vel obruta et confusa nobis lateret.

sensibles présentent diverses dispositions dans les sens »[1] et que rien de certain ne peut être senti, ils crurent donc que rien ne pouvait être su avec certitude.

A cette opinion fut rattachée celle des Académiciens, 22 au sujet de laquelle Augustin dit | qu'«ils affirmaient que W16 par l'homme rien de vrai ou de certain ne pouvait être perçu »[2], sans pour autant que l'homme doive cesser de rechercher la vérité, vérité qu'ils affirmaient pourtant ou bien n'être connue que par Dieu seul, ou bien peut-être par l'âme de l'homme libérée du corps[3]. Sur ce point, ils ne pensaient qu'aux choses qui appartiennent à la philosophie, ne ce souciant pas des autres[4]. Leur raisonnement, selon ce que cite Augustin, consistait à dire que « le vrai ne peut être connu que par des signes qui ne peuvent pas avoir de caractère de fausseté »[5], de sorte que le vrai se discernerait du faux par des marques distinctes et ne possèderait pas de signes communs avec le faux, et ainsi ce qui est vrai ne pourrait apparaître comme faux ; mais ils croyaient qu'on ne pouvait trouver de tels signes ; de sorte qu'ils concluaient qu'à cause d'une certaine obscurité de la nature, la vérité ou bien n'existait pas, ou bien, recouverte et obscure, se cachait à nous.

1. Averroès, *Gd. Comm. sur la Mét.*, IV, comm. 21 ; *cf.* Aristote, *De l'âme*, II, c. 1, 427a 22 ; *Mét.*, Γ (IV), c. 5, 1009b 14-15.

2. Augustin, *Contre les Académiciens*, I, c. 3, § 7 (BA 4, 26).

3. Augustin, *Contre les Académiciens*, I, c. 3, § 9 (BA 4, 30).

4. Augustin, *Contre les Académiciens*, II, c. 5, § 11 (BA 4, 78).

5. Augustin, *Contre les Académiciens*, II, c. 5, § 11 (BA 4, 80)

Unde et dixit Democritus, ut habetur IV ⁰ *Metaphysicae :* « *aut nihil omnino est verum, aut* quod *non* monstratur *nobis* » [1].

23   Alii autem, ut Amfrathagoras et eius sequaces, dicebant B2v *omnia* esse vera et falsa *simul* [2], dicendo quod « *non* | esse *veritas extra animam* » [3] et quod illud quod apparet extra non est aliquid quod est in ipsa re in tempore quo apparet, sed est in W17 ipso apprehendente. Unde omnino | negabant res habere esse extra animam, et ideo oportebat illos dicere quod duo contraria essent simul vera, non tantum secundum diversos apprehendentes secundum eundem sensum, sed etiam secundum eundem secundum diversos sensus et secundum eundem sensum diversimode dispositum, quia quod apparet uni mel secundum gustum, alteri apparet secundum gustum non mel, et quod « uni apparet *mel* secundum *visum*, apparet eidem *non mel* secundum *gustum*, et quod alicui apparet per oculos unum, mutato *situ* oculorum apparet ei *duo* » [4]. Ex quo concludebant quod nihil determinatum appareret nec esset aliquid verum determinatum, et quod ideo omnino non esset scientia.

24   Alii vero, ut Heraclitus et sui sequaces, dixerunt quod omnia sunt simul vera et falsa, « *quia aestimabant quod tantum sensibilia essent entia* et quod ipsa *non essent determinata* in

C'est pourquoi Démocrite disait, comme on le voit en *Métaphysique* IV : « ou bien il n'y a absolument rien de vrai, ou bien il ne nous est pas montré. »[1]

D'autres cependant, comme Protagoras et ses disciples, 23 soutenaient que toutes choses sont en même temps vraies et fausses[2], disant qu'« il n'y | a pas de vérité extérieure à **B2v** l'âme »[3], et que ce qui apparaît à l'extérieur n'est pas dans la chose même au moment où elle apparaît, mais est dans celui-là même qui l'appréhende. C'est pourquoi ils niaient absolument | que les choses possèdent une existence à l'extérieur de **W17** l'âme, et c'est pour cette raison qu'il leur fallait dire que deux contraires étaient vrais simultanément, non seulement lorsque différents <individus> appréhendent selon le même sens, mais également lorsque le même <individu appréhende> selon différents sens, ou selon le même sens disposé de différentes façons, car ce qui apparaît comme miel au goût de l'un, apparaît comme n'étant pas miel au goût de l'autre, et ce qui apparaît par la vue comme miel, apparaît au même par le goût comme n'étant pas miel, et ce qui apparaît à quelqu'un comme un par les yeux, lui apparaît comme deux après un mouvement de la position des yeux[4]. De cela ils concluaient que rien de déterminé n'apparaît et qu'il n'y a pas de vrai déterminé, de sorte qu'il n'y a absolument pas de science.

D'autres toutefois, comme Héraclite et ses disciples, 24 disaient que toutes choses sont en même temps vraies et fausses, « car ils jugeaient que seuls les sensibles existent, et qu'ils ne sont eux-mêmes pas déterminés » dans

---

1. Aristote, *Mét.*, Γ (IV), c. 5, 1009b 11-13.
2. *Cf.* Aristote, *Mét..*, Γ (IV), c. 4, 1007b 21-23.
3. Averroès, *Gd. Comm. sur la Mét.*, IV, comm. 21.
4. Averroès, *Gd. Comm. sur la Mét.*, IV, comm. 26.

esse suo, sed continue transmutata, *et quod* sic *nihil* in eis
maneret idem *in rei veritate* », [1] sed essent in eis simul ens et non
ens, et de eodem, quia motus componitur ex esse et non esse, et
omnis transmutatio media est inter ens et non ens. Propter
quod ulterius dixerunt quod «*non oporteret respondere ad
quaestionem "sic" aut "non"* » [2]. Unde et «*Heraclitus in fine
vitae suae opinabatur quod non oporteret aliquid dicere, sed
tantum movebat digitum.* » [3] Ex quo movebantur ad dicendum
W18   quod | de nullo scientia acquiri posset ab homine.

25   Opinio Menonis [4] et quorundam Platonicorum erat quod
nemo posset aliquid addiscere et quod ideo nemo posset
aliquid scire, ut supra dictum est in quinto et sexto argumento.

26   Defectus rationum istarum opinionum patebit statim in
dissolvendo argumenta.

B2vD | Sed contra positionem omnium eorum principalem,
quia negans scientiam destruit omnem fidem et totam
philosophiam, ut dicit Philosophus IV° *Metaphysicae*,
impossibile est disputare demonstrando scientiam esse et
aliquid posse sciri, quia negant omnia sciendi principia,
sed tantum utendum est in defensione scientiae contra
ipsos sermonibus veris et valde probabilibus quos non

leur être mais continuellement changeants, et qu'ainsi rien en
eux ne demeure identique « dans la vérité de la chose »[1], mais
qu'il y a en eux en même temps de l'étant et du non-étant, et ce
au sujet de la même chose, puisque le mouvement est composé
d'être et de non-être et que tout changement est intermédiaire
entre l'étant et le non-étant. C'est pour cela qu'ils affirmaient
ensuite qu'« il ne faut pas répondre à la question "est-ce ainsi
ou non ?" »[2], de sorte qu'« Héraclite à la fin de sa vie en venait à
penser qu'il ne faut rien dire, et il se contentait de remuer le
doigt. »[3]. C'est ce qui les poussait à dire | qu'aucune science ne **W18**
pouvait être acquise par l'homme au sujet de quoi que ce soit.

L'opinion de Ménon[4] et de certains platoniciens était que 25
personne ne peut apprendre et que pour cette raison personne
ne peut savoir, comme il a été dit ci-dessus dans les cinquième
et sixième arguments [*Cf.* n. 5-6].

<Réponse générale aux arguments des anciens>

L'absence de fondement de ces opinions apparaîtra 26
aussitôt qu'on aura résolu leurs arguments. | Toutefois, **B2vD**
puisqu'en niant la science on détruit toute foi et toute philosophie, ainsi que le dit le Philosophe en *Métaphysique* IV, il est
impossible de disputer contre leur opinion principale commune en démontrant que la science existe et que quelque chose
peut être connu, puisqu'ils nient tous les principes du savoir,
mais il faut seulement, dans la défense de la science, faire
usage contre eux de discours vrais et très probables qu'ils ne

---

1. *Cf.* Aristote, *Mét.*, Γ (IV), c. 5, 1010a 1-5 ; *Cf.* Averroès, *Gd. Comm. sur la Mét.*, IV, comm. 22.

2. Averroès, *Gd. Comm. sur la Mét.*, IV, comm. 22.

3. Aristote, *Mét.*, Γ (IV), c. 5, 1010a 10-14.

4. *Cf.* Aristote, *Seconds Anal.*, II, c. 1, 71a 29-30.

possunt negare[1]. Ex talibus igitur sermonibus per tria
aperta inconvenientia sequentia ex dicto ipsorum convincit
eos Tullius in libro suo *De Academicis*, quorum primum
sumitur ex scientiis artificialibus, secundum ex actibus
virtutum, tertium ex operibus humanae conversationis.

27   Primum inducit sic. «*Ars* omnis *ex multis perceptionibus
sit. Quas si substraxeris*, quomodo *distingues artificem ab
inscio? Quid enim est quod arte effici potest, nisi is qui artem
tractabit multa perceperit?*»[2] Unde dicit | Augustinus *De vera
religione*: «*nihil aliud esse artem vulgarem nisi rerum
expertarum memoriam*»[3].

W19

28   Secundum inducit sic. «*Quaero: vir ille bonus qui statuit
omnem cruciatum perferri potius quam officium perdat aut
fidem, quomodo fieri potest ut nullum supplicium recuset, nisi
his rebus assensus sit quae falsae esse non possunt?*»[4]

29   Tertium inducit sic. «*Quomodo suscipere aliquam rem aut
agere fideliter audebit cui certum nihil erit quid sequatur,
ultimum bonorum ignorans quo omnia referantur?*»[5] De hoc
ponit bonum exemplum Philosophus IV° *Metaphysicae*.
Ambulans enim, ut dicit, «*ambulat et non stat*, quia *opinatur
quod ambulandum est, et non* vadit *per viam ad puteum
stantem in via*, sed *evitat ipsum. Scit enim quia casus in puteum
est malus*»[6].

peuvent nier[1]. C'est donc en usant de tels discours que Tullius <Cicéron>, dans son livre *Des Académiciens*, les confond par trois difficultés évidentes qui résultent de leurs propos. La première est tiré du savoir artisanal, la seconde des actes de la vertu, la troisième des tâches de la vie humaine.

Voici la première. « Tout art se produit par de nombreuses 27 connaissances. Si tu les supprimes, comment distingueras-tu l'artisan de l'ignorant ? Que peut-on réaliser dans un art si celui qui l'a exercé n'en a pas obtenu de nombreuses connaissances ? »[2] C'est pourquoi | Augustin nous dit, dans *La vraie* W19 *religion* : « l'art commun n'est que la mémoire des choses dont on a fait l'expérience »[3].

Voici la seconde. « Je demande : cet homme intègre qui 28 a résolu de souffrir tous les tourments plutôt que de trahir son devoir ou sa parole, comment se fait-il qu'il ne tente d'échapper à aucun des supplices, s'il ne donne pas son assentiment à ces choses qui ne peuvent être fausses ? »[4]

Voici la troisième. « Comment osera-t-il s'engager dans 29 une entreprise ou la poursuivre fidèlement celui pour lequel il n'y aurait rien de certain qu'il puisse suivre, ignorant du bien ultime auquel toutes les choses se rapportent ? »[5] Le Philosophe en donne un bon exemple en *Métaphysique* IV : celui qui marche, nous dit-il, « marche et ne s'arrête pas, car il pense qu'il faut marcher, et il ne prend pas la route du puits, mais il l'évite ; car il sait que la chute dans le puits est un mal. »[6]

---

1. *Cf.* Aristote, *Mét.*, Γ (IV), c. 4, 1006a 1-12 ; Averroès, *Gd. Comm. sur la Mét.*, IV, comm. 9.

2. Cicéron, *Académiques*, II, c. 7, § 22 (trad. fr. p. 145).

3. Augustin, *La vraie religion*, c. 30, § 54 (BA 8, 102).

4. Cicéron, *Académiques*, II, c. 8, § 23 (trad. fr. p. 147).

5. Cicéron, *Académiques*, II, c. 8, § 24 (trad. fr. p. 147).

6. Aristote, *Mét.*, Γ (IV), c. 4, 1008b 14-18.

<AD ARGUMENTA>

30   Rationes igitur probantes quod contingit aliquid scire concedendae sunt. Ad rationes vero in oppositum respondendum per ordinem.

31 | Ad primum, quod «omnis scientia est ex priori et
B2vE notiori», etc., dicendum quod ille modus acquirendi scientiam intelligendus est solummodo de scientiis conclusionum. Principia enim per se primo et immediate cognoscuntur, non
W20 per alia, quia non habent alia notiora se. | Non distinguentibus igitur notum per se ab illo quod est notum per aliud, illis solummodo contingit ille processus in infinitum et nihil scire, et non aliis.

32 | Ad secundum, quod «*a sensibus corporis non est*
B2vF *expetenda sincera veritas*», dicendum quod verum est ubique et in omnibus sequendo iudicium sensus, et hoc propter duo ex quibus Augustinus arguit quod «*iudicium* certum *non est constitutum in sensibus*»[1], quorum primum est rerum sensibilium mutabilitas, secundum est ipsius sensus fallibilitas. Apprehensione autem facta per sensus, avertendo a sensibus, ut iudicium fiat in ratione, quod summe monet fieri Augustinus in inquisitione veritatis, «bene *a sensibus sincera veritas expetenda est*»[2], et hoc quantum ex

<RÉPONSE AUX ARGUMENTS PRINCIPAUX>

Les arguments établissant qu'il est possible de savoir 30 quelque chose sont donc concluants; mais il nous faut répondre dans l'ordre aux arguments opposés.

| Au premier [*Cf.* n. 1], selon lequel « toute science procède 31 de ce qui est antérieur et plus connu », *etc.*, il faut répondre que **B2vE** ce mode d'acquisition de la science ne vaut que pour les sciences des conclusions. Car les principes sont connus par soi d'emblée et immédiatement, et non par d'autres choses, puisqu'il n'est rien qui soit plus connu qu'eux. | C'est donc **W20** seulement pour ceux qui ne distinguent pas ce qui est connu par soi de ce qui est connu par autre chose que ce processus doit aller à l'infini, de sorte qu'on ne puisse rien savoir du tout, et non pour les autres.

| Au deuxième argument [*Cf.* n. 2], selon lequel « on ne doit 32 pas demander de vérité authentique aux sens corporels », il **B2vF** faut répondre que cela est vrai partout et en toutes choses lorsque l'on suit le jugement du sens, et cela pour les deux raisons dont se sert Augustin pour établir que « le jugement certain ne se trouve pas dans les sens »[1]. La première tient à la mutabilité des choses sensibles, et la seconde à la faillibilité du sens lui-même. Cependant, une fois l'appréhension produite par le sens, et en se détournant des sens, de sorte que le jugement se produise dans la raison (ce qu'Augustin nous engage au plus haut point à faire dans la recherche de la vérité), « on peut légitimement demander aux sens une vérité authentique »[2], et ce, en tant qu'elle peut être conçue par les seules

1. Augustin, *Quatre-vingt-trois questions diverses*, q. 9 (BA 10, 58-60).
2. *Ibid.*

puris naturalibus iudicio rationis in lumine puro naturali potest conspici vel simpliciter iudicio intellectus in claritate lucis aeternae. De qua sinceritate in iudicio rationis sequentis sensum loquitur Augustinus ad litteram, secundum quod de utroque modo conspiciendi veritatem videbitur inferius.

33   Ex sensu ergo originaliter bene est expetenda sincera
W21 veritas quodammodo, quoniam « sensus | proprii est certissima cognitio *circa* suum *proprium obiectum* »[1], nisi impediatur vel ex se vel ex medio vel ab aliquo alio, nec contingit cessante omni impedimento ipsum errare sive aliter apprehendere suum proprium obiectum quam sit, licet talis apprehensio non sit mansiva vel propter rei vel ipsius sensus mutabilitatem ut certa veritas diu capi non possit stando omnino in iudicio sensus. Id tamen quod apprehensum est per sensum non deceptum abstrahendo et iudicium formando penes intellectum, ubi manet quasi sine transmutatione quod apprehensum est nec verisimilibus speciebus phantasmatum obumbrari potest, certissima veritas a tali sensu capitur, et nobis certissima scientia est illa rerum sensibilium quae ad sensus experientiam potest reduci.

34   Unde sensum dimittentes et eius iudicium penitus
B3r abnegantes frequenter | in absurdissimos errores apud intellectum sophisticis rationibus decepti inciderunt,

rcssources naturelles par un jugement de la raison dans la
lumière naturelle pure, ou bien de façon inconditionnée par un
jugement de l'intellect dans la clarté de la lumière éternelle.
C'est de cette authenticité dans le jugement de la raison qui
suit la sensation que nous parle Augustin dans le texte, comme
nous le verrons plus loin s'agissant des deux modes de
considération de la vérité.

Ainsi, on peut, d'une certaine façon, légitimement 33
prétendre à une vérité authentique ayant la sensation comme
origine, car « il appartient au sens propre | d'avoir une connais- **W21**
sance très certaine portant sur son objet propre »[1], à moins
qu'il ne soit empêché par lui-même, par le milieu ou par autre
chose. Et si tout empêchement est écarté, il ne saurait lui-
même se tromper ou appréhender son objet propre autrement
qu'il n'est – bien qu'une telle appréhension ne soit pas perma-
nente, à cause de la mutabilité de la chose ou du sens lui-même,
de sorte qu'une vérité certaine ne peut être longtemps saisie si
l'on dépend entièrement du jugement des sens. En revanche,
ce qui est appréhendé par un sens qui n'est pas trompé, en
abstrayant et formant un jugement dans l'intellect, où demeure
ce qui est appréhendé presque sans changement et sans risquer
non plus d'être obscurci par les espèces de l'imagination qui
ressem-blent à la vérité : d'une telle sensation est tirée une
vérité très certaine, et pour nous est très certaine la science
des choses sensibles qui peut être reconduite à l'expérience
du sens.

C'est pourquoi ceux qui se détournent des sens et qui 34
rejettent totalement leur jugement, | trompés par des raisons **B3r**
sophistiques, tombèrent fréquemment dans d'absurdes erreurs

---

1. Aristote, *De l'âme*, II, c. 6, 418a14-15.

sicut Zeno, qui dixit quod «nihil contingit moveri»[1], et
quicumque dixit quod «moto uno moventur omnia»[2]. Unde
semper oportet credere sensui particulari non impedito, nisi
alius sensus dignior in eodem alio tempore vel in alio eodem
tempore contradicat vel virtus aliqua superior percipiens
sensus impedimentum. Non enim sensus aeque bene dispositi
sunt in omnibus vel in eodem diversis temporibus, et ideo non
aequaliter iudicio eorum credendum est, ut patet in sano et
aegro. Magis enim credendum est gustui sani quam aegri, et ei
qui videt aliquid de prope quam qui videt a longe, et ei qui videt
aliquid per medium uniforme quam ei qui videt per medium
W22 non uniforme, et sic | de ceteris huiusmodi dispositionibus.

35 | Ad tertium, quod idem saepius apparet diversimode
B3rG eidem vel diversis, dicendum quod non sequitur ex hoc quod
nulli sensui credendum est, quia, ut dictum est, in quo unus
fallitur alter frequenter verum dicit, vel in quo idem fallitur in
una dispositione verum dicit in alia. Et sic patet quomodo defi-
ciebat ratio Democriti. Licet enim sensibilia habent diversam
dispositionem apud sensum, aliquid tamen determinate percipitur per sensum non deceptum in hora in qua non decipitur[3].

de la pensée. Ainsi Zénon, qui disait que « rien ne peut être mû »[1], ou celui qui disait que « si une chose est mue, tout est mû »[2]. Il faut donc toujours croire un sens particulier lorsqu'il n'est pas empêché, sauf s'il est contredit par un autre sens plus digne chez le même individu à un autre moment, ou bien chez un autre individu au même moment, ou bien par une faculté supérieure qui s'aperçoit que le sens est empêché. Tous les sens, en effet, n'ont pas des dispositions aussi bonnes chez tout le monde, ou bien chez le même individu à différents moments, et c'est pourquoi il ne faut pas donner le même crédit à leur jugement, comme il apparaît chez celui qui est sain ou malade. Il faut croire en effet davantage au goût de celui qui est sain qu'au goût de celui qui est malade, à celui qui voit quelque chose de près plutôt qu'à celui qui le voit de loin, à celui qui voit quelque chose à travers un milieu uniforme plutôt qu'à celui qui voit à travers un milieu non-uniforme, et ainsi | de suite des autres dispositions de cette sorte.   **W22**

| Au troisième argument [*Cf.* n. 3], selon lequel la même 35 chose apparaît le plus souvent de diverses façons au même **B3rG** individu ou à plusieurs, il faut répondre qu'il n'en résulte pas qu'il ne faut croire aucun sens, car, comme il a été dit, là où l'un se trompe l'autre dit fréquemment le vrai, ou encore là où le même sens dans une certaine disposition se trompe, dans une autre il dit le vrai. Et c'est ainsi que devient manifeste en quoi l'argument de Démocrite était erroné : en effet, bien que les sensibles possèdent différentes dispositions auprès du sens, pourtant quelque chose sera perçu de façon déterminée par le sens qui n'est pas trompé, au moment où il n'est pas trompé[3].

1. *Cf.* Aristote, *Mét.*, B (III), c. 4, 1001b 8-11.
2. Anaxagore. *Cf.* Aristote, *Phys.*, VIII, c. 1, 252a 10-11 *et* 250b 24-26.
3. *Cf.* Aristote, *Mét.*, Γ (IV), c. 6, 1011a 25-35.

Et non solum differunt sensationes penes paucitatem et multitudinem sentientium, sed secundum dignitatem maiorem et minorem sensuum in sentiendo.

36   Similiter patet defectus rationis Academicorum. Non enim verum est dictum eorum quod nihil percipitur determinate per signa et quod non verificant de re, immo signa quae sunt propria sensibilia alicuius sensus, id quod sunt ostendunt sensui proprio non decepto nec impedito et in determinatam notitiam veritatis rei possunt intellectum inducere. Unde et ipsimet solliciti erant in inquirendo veritatem per huiusmodi signa magis quam alii, licet aestimatio eorum erat quod veritatem numquam possent invenire[1]. Et erat aestimatio eorum similis in hoc ei quod currere aliquem ad apprehendendum
W23 aliquid quod | numquam apprehendet[2], sicut improperat eis Philosophus IV° *Metaphysicae*. Cetera vero pertinentia ad eorum opinionem amplius declarabuntur in quaestione proxima sequenti[3].

37   Per idem patet falsum esse quod assumpsit Amfrathagoras, quod res sequuntur sensuum apparentias, quoniam sensus, sive verus sive deceptus, non potest sumi nisi a re, quia «*sensus* est virtus *passiva*»[4]. Unde et quamvis idem diversimode apparet eidem vel diversis, hoc non est nisi

Et les sensations ne diffèrent pas seulement en fonction du nombre plus ou moins grand de ceux qui sentent, mais aussi selon la plus ou moins grande dignité des sens impliqués dans la sensation.

C'est d'une façon semblable que le défaut de l'argument 36 des Académiciens devient manifeste ; car il n'est pas vrai leur propos selon lequel rien n'est perçu de façon déterminée par des signes, et qu'ils ne présentent pas la vérité sur la chose. Au contraire, les signes qui sont les sensibles propres d'un sens lui montrent ce qu'ils sont – s'il n'est pas trompé ni empêché –, et ils peuvent conduire l'intellect à une connaissance détermi-née de la vérité de la chose. Et les Académiciens eux-mêmes, davantage que d'autres, étaient guidés par de tels signes dans leur recherche de la vérité, bien que leur jugement fût qu'ils ne pourraient jamais trouver de vérité [1]. Leur jugement est en cela semblable à celle d'un homme qui court pour appréhender quelque chose | qu'il n'appréhendera jamais, ainsi que le leur **W23** reproche le Philosophe en *Métaphysique* IV [2]. Mais nous exposerons de façon plus développée d'autres choses relatives à leur opinion dans la prochaine question [3].

C'est de la même façon qu'apparaît la fausseté de ce 37 que supposait Protagoras [*Cf.* n. 23], à savoir que les choses suivent les apparences des sens, car la sensation, qu'elle soit véridique ou trompée, ne peut être tirée que de la chose, puisque « le sens est une puissance passive » [4]. De sorte que même si la même chose peut apparaître comme différente à un même <individu> ou à plusieurs, cela n'est dû qu'à la

---

1. *Cf.* Aristote, *Mét.*, Γ (IV), c. 5, 1009b 11-12.
2. *Cf.* Aristote, *Mét.*, Γ (IV), c. 5, 1009b36 – 1010a1.
3. *Cf.* q. 2, § 29-32, 42.
4. Aristote, *De l'âme*, II, c. 11, 424a 1.

propter deceptionem vel impedimentum alicuius sensus
cui non oportet credere in hoc, nec tamen propter hoc dicendum est quod nulli sensui credendum est. Sensui enim non
decepto omnino oportet credere et quis sit talis maxime habet
iudicare intellectus ex pluribus experimentationibus praeha-
bitis circa illa in quibus sensus potest decipi vel impediri.

38 | Ad quartum, quod omnia sensibilia sunt in continua
B3rH transmutatione, dicendum quod Heracliitiani, quorum illa fuit
ratio, «*solum sensibilia* credebant *esse entia*»[1], et erat error
omnium philosophantium usque ad tempora Italicorum, qui
unanimiter negabant scientiam esse propter mutabilitatem
rerum sensibilium naturalium. Quorum errorem percipientes
posteriores philosophi ponebant scientiam esse et aliquid
posse sciri in rebus sensibilibus naturalibus. Sed in modo
sciendi et acquirendi scientiam diversificati sunt. Pythagoras
enim, primus Italicorum, credens cum praecedentibus quod de
rebus naturalibus propter earum transmutationem ex eis ipsis
W24 non posset | haberi scientia, ut tamen salvaret aliquo modo
scientiam rerum naturalium, mathematica induxit in naturalibus, ponendo ipsa principia et causas rerum naturalium
tam in esse quam in cognitione, eo quod per abstractionem
suam a materia sensibili et transmutabili quodammodo sunt
intransmutabilia[2].

tromperie ou à l'empêchement d'un sens particulier, auquel il ne faut pas donner crédit en cela, et ce n'est pas pour cela qu'il faut dire qu'il ne faut croire en aucun sens. Car on doit absolument croire en un sens qui n'est pas trompé, et qu'il soit bien tel c'est ce dont l'intellect doit au plus haut point juger, à partir de plusieurs expériences antérieures portant sur ces choses au sujet desquelles le sens peut être trompé ou empêché.

| Au quatrième argument [*Cf.* n. 4], selon lequel les choses 38 sensibles sont en changement constant, il faut répondre que **B3rH** les Héraclitéens, dont c'était l'argument, « croyaient que seuls les sensibles étaient des étants »[1]. Jusqu'à l'époque des Italiques, c'était là l'erreur de tous les philosophes qui rejetaient unanimement l'existence de la science à cause de la mutabilité des choses sensibles naturelles. Les philosophes ultérieurs, percevant cette erreur, posèrent l'existence de la science, ainsi que la possibilité d'un savoir dans les choses sensibles naturelles ; mais c'est sur la manière de savoir et d'acquérir la science qu'ils divergèrent. Ainsi Pythagore, le premier des Italiques, croyant comme ses prédécesseurs qu'on ne pouvait | obtenir de science des choses naturelles par elles-mêmes **W24** à cause de leur changement, pour sauver cependant d'une certaine façon la science des choses naturelles y introduisit les <entités> mathématiques, dont il fit les principes et causes des choses naturelles, tant dans l'être que dans la connaissance, de telle sorte que, par leur abstraction de la matière sensible et muable, elles se trouvaient d'une certaine façon soustraites au mouvement[2].

1. Aristote, *Mét.*, Γ (IV), c. 5, 1010a 2-3.
2. *Cf.* Aristote, *Mét.*, A (I), c. 5, 985b 24 – 986a 24.

39   Plato autem posterior Pythagora, videns mathematica secundum rem inesse naturalibus et ideo realiter mutari cum naturalibus quantumcumque abstrahantur ab eis, nec per mathematica de naturalibus fixam posse haberi scientiam, posuit formas ideales causas et principia rerum naturalium tam in esse quam in cognitione, et omnino separatas ab eis et absque omni transmutatione, ut sic per illas de transmutabilibus intransmutabilis possit esse scientia.

40 | Aristoteles autem, videns quod res nec habet esse nec
B3rI cognosci nisi per id quod est in re, et quod singularium propter eorum transmutationem non posset esse scientia ex se ipsis, posuit universalia, genera scilicet et species, abstrahi per intellectum a singularibus in quibus habent esse secundum veritatem. Universale enim est unum in multis et de multis, quae, licet ut in singularibus sunt, sunt transmutabilia, ut tamen sunt in intellectu, sunt intransmutabilia. Et secundum hoc de rebus naturalibus, sensibilibus, particularibus, transmutabilibus per eorum universalia existentia apud intellectum posuit fixam haberi scientiam.

41 | Augustinus autem *philosophia Platonis imbutus, si qua*
W25 *invenit in* ea *fidei accommoda*, in scriptis suis *assumpsit. Quae vero invenit fidei adversa*, quantum potuit, *in melius* interpretatus est[1]. Et ideo cum, ut dicit in libro *83 Quaestionum*, q.ᵉ44ᵃ2,

Toutefois Platon, qui vint après Pythagore, voyant que les 39 <propriétés> mathématiques étaient inhérentes aux choses naturelles et qu'elles étaient donc réellement changées avec elles, à quelque degré qu'elles en fussent abstraites, et qu'ainsi par les mathématiques on ne pouvait avoir de science fixe au sujet des choses naturelles, posa des formes idéales comme causes et principes des choses naturelles, tant dans l'être que dans la connaissance, formes qui en étaient absolument séparées et sans aucun changement, de sorte que de cette façon, il pouvait y avoir une science immuable des choses muables.

| Cependant Aristote, voyant que la chose ne possède l'être 40 ni l'être connu que par ce qui existe réellement (*in re*), et qu'il **B3rI** ne peut y avoir de science des singuliers par eux-mêmes à cause de leur changement, posa que les universaux – à savoir les genres et les espèces – étaient abstraits par l'intellect des choses singulières, dans lesquelles ils possèdent l'être selon la vérité. En effet, l'universel est un en plusieurs et de plusieurs. Et bien que ces universaux soient muables en tant qu'ils sont dans les singuliers, ils sont pourtant immuables en tant qu'ils sont dans l'intellect. C'est ainsi qu'il posa que nous pouvons avoir une science fixe des choses naturelles sensibles, particulières et muables, par leurs universaux existant dans l'intellect.

| Or Augustin, « imprégné de la philosophie de Platon, dans 41 la mesure où il y trouvait un accord avec la foi, se l'appropria **W25** dans ses écrits ; mais pour ce qu'il y trouvait opposé à la foi, il fut, autant qu'il le pouvait, meilleur interprète »[1]. Pour cette raison, ainsi qu'il le dit dans le livre des *83 Questions*, q. 44[2],

1. Thomas d'Aquin, *Somme théol.* I, q. 84, art. 5, resp.
2. Augustin, *Quatre-vingt-trois questions diverses*, q. 46 (BA 10, 122-128).

« *sacrilegium* videbatur esse *opinari* ideas rerum poni extra divinam mentem, quas ipsa *intueretur ad constituendum quae constituebat* », quod tamen Aristoteles Platoni imposuit [1], dixit Platonem eas posuisse in divina intelligentia et ibi subsistere, secundum quod dicit VIII° *De civitate Dei* cap.° 4°: « *Quid in his Plato senserit, id est, ubi finem omnium actionum, ubi causam omnium naturarum, ubi lumen omnium rationum esse cognoverit vel crediderit, temere affirmandum esse non arbitror. Fortassis enim qui* prae *ceteris Platonem fama celebriore laudant, aliquid tale de Deo sentiunt ut in illo inveniatur et causa subsistendi et ratio intelligendi et ordo vivendi* » [2]. Unde Augustinus sanius interpretans dicta Platonis quam Aristoteles, ponit principia certae scientiae et cognitionis veritatis consistere in regulis sive rationibus aeternis incommutabilibus existentibus in Deo, quarum participatione

B3v per intellectualem cognitionem | cognoscitur quidquid sincerae veritatis in creaturis cognoscitur, ut, sicut sua entitate est causa omnium existendi in quantum sunt, sic et sua veritate est causa omnium cognoscendi in quantum vera sunt. Et per hoc

W26 de rebus transmutabilibus, | quantumcumque transmutabiles sunt, certa potest esse et fixa scientia, secundum quod dicit Augustinus, XII° *De Trinitate* cap.° 14°: « *Non solum rerum sensibilium in locis positarum sine spatiis localibus*

comme cela semblait un sacrilège de penser que les idées des choses se trouvaient à l'extérieur de la pensée divine, «idées qu'il contemplerait pour réaliser ce qu'il réalisait», vue qu'Aristote attribuait pourtant à Platon[1], Augustin disait que Platon les avait posées dans l'intelligence divine, et que c'est là qu'elles subsistaient, ainsi qu'il le dit dans *La cité de Dieu*, livre VIII, chapitre 4 : «Mais quelle est, dans ces choses, la pensée personnelle de Platon? A savoir : où a-t-il pensé ou cru qu'il fallait placer la fin de toutes les actions, la cause de toutes les natures, la lumière de toutes les raisons? J'estime que là-dessus on ne peut rien affirmer à la légère. Peut-être en effet, ceux qui ont, par la plus grande publicité, loué Platon au dessus des autres, ont-ils eu au sujet de Dieu ce sentiment que c'est en Lui que l'on trouve la cause de l'existence, la raison de l'intelligence et la règle de vie. »[2] C'est pourquoi Augustin, meilleur interprète des propos de Platon qu'Aristote, posa que les principes de la science certaine et de la connaissance de la vérité consistent dans des règles ou raisons éternelles et immuables existant en Dieu et par la participation desquelles, par connaissance intellectuelle, | est connu tout ce qui est connu de **B3v** vérité authentique dans les créatures. Car de même que par Son entité Il est la cause de l'existence de toutes choses en tant qu'elles sont, de même c'est par Sa vérité Il est la cause de la connaissance de toutes choses en tant qu'elles sont vraies. Et c'est ainsi | qu'est possible une science certaine et fixe au sujet **W26** des choses muables, aussi changeantes soient-elles, ainsi que le dit Augustin, *La Trinité*, XII, chapitre 14 : «Non seulement, à la différence des objets sensibles situés dans l'espace,

1. *Cf.* Aristote, *Mét.*, A (I), c. 9, 991a 19 – b 9.
2. Augustin, *La cité de Dieu*, VIII, c. 4 (BA 34, 242, 244).

manent intelligibiles incorporalesque rationes, verum etiam
motionum in temporibus transeuntium sine temporali transitu
stant etiam ipsae intelligibiles non sensibiles rationes. Ad
quas mentis acie pervenire paucorum est. At cum pervenitur
quantum fieri potest, non in eis manet ipse perventor, et fit rei
non transitoriae transitoria cogitatio. Quae tamen cogitatio
transiens per disciplinas quibus eruditur animus memoriae
commendatur, ut sit qua redire possit quae cogitur inde
transire, quamvis si ad memoriam cogitatio non rediret atque
ibi quod commendaverat inveniret, velut rudis ad hoc sicut
ducta fuit duceretur, idque inveniret ubi primum invenerat in
illa incorporea veritate, unde rursus quasi descriptum in
memoria figeretur»[1]. Sed de hoc amplior sermo erit in
quaestione proxima inferius.

42 | Ad quintum et ad sextum, quod non contingit scire,
B3vK quia non contingit addiscere, dicendum quod assumptum
falsum est. Bene enim contingit addiscere, ut patebit inferius.
Sed intelligendum quod addiscere dupliciter potest accipi:
uno modo communiter ad omnem acquisitionem scientiae
W27 de novo[2] – sic non oportet quod omnis | addiscens aliquid
novit, quia addiscens notitiam primorum principiorum

les raisons intelligibles et incorporelles subsistent indépendamment de toute étendue, mais encore, à la différence des
mouvements qui s'écoulent dans le temps, elles demeurent
indépendantes de tout écoulement temporel, toujours inchan-
gées, étant intelligibles, non sensibles. Parvenir à les saisir par
le regard de l'esprit est le privilège d'un petit nombre ; et,
quand on y parvient, dans la mesure du possible, on n'y peut
demeurer une fois parvenu, et l'on a ainsi la pensée passagère
d'une chose qui ne passe pas. Cependant la pensée, à mesure
qu'elle passe par ces disciplines qui instruisent l'âme, est
confiée à la mémoire : elle peut donc y revenir, elle qui est
contrainte de passer ; cependant, si la pensée ne faisait pas
retour sur la mémoire, si elle n'y retrouvait ce qu'elle lui avait
confié, alors, comme une ignorante, elle serait ramenée là où
elle a été amenée une première fois pour y retrouver ce qu'elle
y avait déjà trouvé, je veux dire dans cette vérité immatérielle
d'où elle tirerait de nouveau une sorte de copie qu'elle fixerait
dans la mémoire. » [1] Mais il sera question de cela de façon plus
développée dans la prochaine question.

| Aux cinquième et sixième arguments [*Cf.* nn. 5-6], selon 42
lesquels on ne peut savoir car on ne peut pas apprendre, il **B3vK**
faut dire que l'hypothèse est fausse : car il est effectivement
possible d'apprendre, comme nous le verrons plus loin. Mais il
faut savoir qu'apprendre peut être compris de deux façons :
<1> au premier sens et communément, pour toute acquisition
d'une nouvelle science [2], et en ce sens il n'est pas nécessaire
que | celui qui apprend sache par avance quelque chose, car **W27**
celui qui apprend les premiers principes <d'une science>

---

1. Augustin, *La Trinité*, XII, c. 14, § 23 (BA 16, 254).
2. *Cf.* Aristote, *Seconds Anal.* I, c. 1, 71a 17 – b8.

ex nulla notitia praecedente eam acquirit –; alio modo proprie
ad cognitionem conclusionum solum, quam acquirit secundum actum ex notitia principiorum praecedente, in qua latet
secundum potentiam, ut infra patebit; et sic addiscens aliquid
novit.

43 | Ad septimum, quod « homo nihil percipit de re cogno-
B3vL scibili nisi idolum solum », dicendum quod percipere idolum
rei contingit dupliciter : uno modo tamquam obiectum cognitionis, – hoc modo verum est quod percipiens solum idolum rei
non cognoscit rem, sicut videns imaginem Herculis depictam
in pariete (ex hoc non videt neque cognoscit Herculem) –; alio
modo tamquam rationem cognoscendi; sic non est verum. Per
solam enim speciem perceptam de re cognoscitur vere res, ut
lapis vere videtur per solam speciem suam sensibilem
receptam in oculo, et vere intelligitur per solam speciem suam
intelligibilem receptam in intellectu.

44   Sed dices forte quod illa species est sensibilis recepta a
sensu, ergo cum sit accidens et similitudo solius accidentis,
non inducit in cognitionem eius quod quid est et substan-
tiae rei.

Ad quod dicendum quod, etsi intellectus recipit primo
species intelligibiles rerum sensibilium et corporearum, ut sunt
sensibiles, quas primo per illas species intelligit, secundario
tamen sub illis speciebus sensibilium naturalis rationis investi-
gatione concipit per se ipsas notitias rerum non sensibilium, ut

n'acquiert cette connaissance par aucune autre précédente ; <2> au second sens, et au sens propre, uniquement pour la connaissance des conclusions, qui est acquise en acte à partir d'une connaissance précédente des principes, en laquelle elle est cachée en puissance, comme on le verra plus loin. Et de cette façon, celui qui apprend savait par avance quelque chose.

| Au septième [*Cf.* n. 7], selon lequel « l'homme ne perçoit **43** d'une chose connaissable que son image », il faut dire qu'on **B3vL** peut percevoir l'image d'une chose de deux façons : <1> d'une première façon, en tant qu'objet de connaissance, et en ce sens il est vrai que celui qui perçoit uniquement l'image de la chose ne connaît pas la chose, de même que celui qui voit l'image d'Hercule peinte sur un mur ne voit ni ne connaît Hercule en cela ; <2> d'une autre façon, en tant que raison qui fait connaître ; et en ce sens, ce n'est pas vrai <que celui qui perçoit uniquement l'image d'une chose ne connaît pas cette chose> : en effet, par la seule espèce perçue de la chose, on connaît véritablement la chose : par exemple la pierre est véritablement vue par sa seule espèce sensible reçue dans l'œil, et elle est véritablement intelligée par sa seule espèce intelligible reçue dans l'intellect.

Mais peut-être objecteras-tu que cette espèce sensible est **44** reçue d'un sens, de sorte que, comme il s'agit d'un accident et de la similitude seulement d'un accident, elle ne peut conduire à la connaissance de l'essence (*quod quid est*) et de la substance de la chose. Il faut répondre à cela que, bien que l'intellect reçoive tout d'abord les espèces intelligibles des choses sensibles et corporelles en tant que sensibles, et que ce soit tout d'abord par ces espèces qu'il intellige, cependant dans un deuxième temps, par une investigation de la raison naturelle, il conçoit par lui-même, sous ces espèces sensibles naturelles, les connaissances (*notitias*) des choses non sensibles, comme

W28 sunt quidditates substantiarum et alia | eiusdem modi, quae
proprias species non habent in intellectu. Et hoc est quod dicit
Augustinus IX° *De Trinitate* cap.° 3°: «*Ipsam vim qua per
oculos cernimus, sive sint radii, sive aliquid aliud, oculis
cernere non valemus, sed mente quaerimus, et si fieri potest,
etiam hoc mente comprehendimus. Mens ergo ipsa, sicut
corporearum rerum notitias per sensus corporis colligit, sic
incorporearum per se ipsam*»[1]. Et appellat res corporeas
ut sensibiles sunt, res autem incorporeas quaecumque id
quod sunt sensibilia non sunt, ut sunt mathematica et quiddi-
tates substantiarum, materia et forma et huiusmodi quorum
notitiam mens sub speciebus sensibilium ex naturali colligan-
tia sensibilium ad insensibilia naturalis rationis industria
colligit quasi fodiendo sub ipsa specie a sensibili re ei praesen-
tata, ad modum quo ovis naturali instinctu per species sensatas
aestimat insensatas, ut imaginando vel videndo per speciem
lupi sensibilem aestimat ipsum nocivum et inimicum[2], et ideo
dicitur intelligere quasi ab « intus legere »[3].

les quiddités des substances et autres | choses semblables qui **W28**
n'ont pas leurs espèces propres dans l'intellect. C'est cela que
dit Augustin au livre IX de *La Trinité*, chapitre 3 : « Mais
quelle que soit cette force qui permet à nos yeux de voir, rayonne-
ment ou autre phénomène, cette force, dis-je, ce n'est pas
avec les yeux que nous pouvons la voir ; mais c'est avec
l'esprit que nous cherchons et, s'il se peut, c'est encore avec
l'esprit que nous comprenons l'explication de ce phénomène.
Ainsi, de même que l'âme recueille au moyen des sens
corporels les connaissances qu'elle a des réalités corporelles,
de même les connaissances qu'elle a des réalités incorporelles,
elle les recueille par elle-même. »[1] Et il appelle "réalités
corporelles" (*res corporeas*) les choses en tant qu'elles sont
sensibles, et "réalités incorporelles" (*res incorporeas*), quelles
qu'elles soient, celles qui ne sont pas sensibles, comme les
<réalités> mathématiques et les quiddités des substances, la
matière et la forme, et choses semblables dont l'esprit, par le
travail de la raison naturelle et en vertu du lien naturel entre les
choses sensibles et les choses insensibles, recueille la connaissance sous les espèces des choses sensibles, comme en fouil-
lant sous l'espèce qui lui est elle-même présentée par une
chose sensible. Il en est de même de la brebis qui, par un
instinct naturel, pressent sous les espèces senties les espèces
non-senties : par exemple, lorsqu'en imaginant ou percevant
par l'espèce sensible du loup, elle pressent qu'il est nocif
et inamical[2]. Et c'est pour cette raison que « intelliger »
(*intelligere*) est appelé ainsi, comme pour dire « lire à
l'intérieur » (*intus legere*)[3].

1. Augustin, *La Trinité*, IX, c. 3, § 3 (BA 16, 80).

2. *Cf.* Avicenne, *Traité de l'âme*, IV, 1.

3. *Cf.* Thomas d'Aquin, *Quest. disp. sur la vérité*, q. 1, art. 12 ; *Somme théol.*, II-II, q. 8, art. 1, *resp.*

UTRUM CONTINGAT HOMINEM ALIQUID SCIRE
SINE DIVINA ILLUSTRATIONE

B3vA | Circa secundum arguitur quod non contingit hominem aliquid scire ex sola naturali industria sine speciali illustratione divina.

1   Primo sic. II^a \<Ad\> *Corinthios* III° dicit Apostolus : « *Non sumus sufficientes cogitare aliquid* ex *nobis quasi ex nobis, sed sufficientia nostra ex Deo est* »[1]. Non est autem perceptio veritatis nisi ex cognitione. Ergo sufficientia ad percipiendum veritatem non est nobis nisi ex Deo. Sed hoc non nisi illustratione speciali alicuius luminis divini, quia omne quod percipitur in lumine percipitur. Ergo etc.

S'IL EST POSSIBLE À L'HOMME DE SAVOIR QUELQUE CHOSE SANS ILLUMINATION DIVINE

<Arguments contre>

| S'agissant de la deuxième question, on soutient qu'il n'est **B3vA** pas possible à l'homme de savoir quelque chose par la seule activité naturelle et sans illumination divine spéciale.

Premièrement ainsi. L'Apôtre dit dans la deuxième épître 1 aux Corinthiens : « Nous ne sommes pas capables de penser nous-mêmes quelque chose précisément par nous-mêmes, mais cette capacité qui est nôtre vient de Dieu. »[1] Or il n'y a de perception de la vérité que par une connaissance ; par conséquent, ce n'est que par Dieu que la capacité de percevoir la vérité nous revient. Mais cela n'est pas sans illumination spéciale d'une certaine lumière divine, car tout ce qui est perçu, est perçu dans la lumière. Donc *etc.*

---

1. *II Cor.* III, 5.

2   Secundo sic. Super illud I^{ae} <Ad> *Corinthios* XII° « *Nemo
potest dicere "Dominus Iesus" nisi in Spiritu Sancto* »[1], dicit
Ambrosius . « *Verum a quocumque dicatur a Spiritu Sancto
est* »[2]. Sed quicumque scit verum aliquod illud verbo mentis
suae dicit. Ergo a Spiritu Sancto scit illud et dicit. Hoc autem
non est sine speciali illustratione. Ergo etc.

3   Tertio sic. I° *Soliloquiorum* dicit Augustinus : « *Intelligibilis est Deus, intelligibilia sunt et ista disciplinarum specta-
mina, tamen plurimum differunt. Nam terra visibilis est et lux,
sed terra, nisi luce illustrata, videri non potest. Ergo illa quae
in disciplinis traduntur, quae quisque verissima esse nulla
dubitatione concedit, credendum est non posse intelligi, nisi
ab alio quasi suo sole illustrentur* »[3]. Ille autem « alius quasi

W30 sol » non est nisi lux divina, | secundum quod dicit ibidem :
« *Quomodo in hoc sole tria quaedam licet advertere, quod est,
quod fulgeat, quod illuminet, ita* et *in illo secretissimo Deo*

B4r *talia* | *quaedam sunt, quod est, quod intelligit, quod cetera
facit intelligi* »[4]. Ergo etc.

Deuxièmement ainsi. Commentant ce passage de la **2**
première épître aux Corinthiens : « Nul ne peut dire : "Seigneur
Jésus", s'il n'est dans l'Esprit Saint » [1], Ambroise dit : « Toute
vérité qui est énoncée par quelqu'un, l'est par l'Esprit Saint. » [2]
Mais quiconque a un savoir d'une certaine vérité, l'énonce par
son verbe mental ; donc c'est par l'Esprit Saint qu'il la connaît
et qu'il l'énonce. Or cela ne se peut que par une illumination
spéciale ; donc *etc.*

Troisièmement ainsi. Augustin, *Soliloques*, livre I : « Dieu **3**
est intelligible ; les preuves des sciences dont nous venons
de parler le sont aussi, et cependant ces deux intelligibles
diffèrent beaucoup. La terre est visible, ainsi que la lumière ;
mais la terre ne peut être vue si elle n'est éclairée par la
lumière. Ainsi ces choses qui sont étudiées dans les sciences,
et que chacun admet sans aucune espèce de doute être très
vraies, nous devons croire que nous ne pouvons les comprendre, si nous ne sommes éclairés par les rayons d'une autre
lumière, qui soit comme leur soleil » [3]. Or cette « autre lumière
comme un soleil » n'est autre que la lumière divine, | ainsi qu'il **W30**
le dit au même endroit : « De même donc que dans le soleil on
peut distinguer trois choses : qu'il existe, qu'il est visible, qu'il
éclaire ; ainsi dans ce Dieu très caché, | on peut discerner **B4r**
également trois choses : qu'il existe, qu'il est intelligible, et
qu'il fait connaître les autres choses. » [4] Donc etc.

1. *I Cor.* XII, 3.
2. Ambrosiaster, *Sur les Epîtres aux Corinthiens*, I, c. 12.
3. Augustin, *Soliloques*, I, c. 8, § 15 (BA 5, 54).
4. *Ibid.*

4   Quarto sic. Dicit Augustinus libro II° *De sermone Domini in monte*: « *Omnis anima rationalis etiam cupiditate caecata, cum cogitat et ratiocinatur, quidquid in ea ratione verum est non est tribuendum ei, sed ipsi luci veritatis, a qua vel tenuiter tangitur* »[1]. Illa autem lux non est nisi specialis illustrationis divinae. Ergo etc.

5   Quinto sic. Augustinus dicit XII° *Confessionum*: « *Si ambo videmus verum esse quod dicis, et ambo videmus verum esse quod dico, ubi, quaeso, id videmus? Nec ego utique in te nec tu in me, sed ambo in ipsa quae supra mentes nostras est incommutabili veritate* »[2]. Sed in illa nihil videmus nisi speciali divina illustratione, quia ipsa excedit limites naturae nostrae. Ergo etc.

6   In contrarium arguitur primo sic. Augustinus dicit I° *De Academicis*: « *Quae ducit ad veritatem nulla via melius intelligitur quam diligens inquisitio veritatis* »[3]. Frustra autem esset inquisitio, nisi homo per ipsam sine speciali divina illustratione ad eam posset attingere. Ergo etc.

Quatrièmement ainsi. Augustin, au livre II *Du sermon du* 4
Seigneur sur la montagne : « Lorsque toute âme raisonnable,
même aveuglée par la cupidité, pense et raisonne, il ne faut
point lui attribuer ce qu'il y a de vrai dans son raisonnement,
mais bien à la lumière de la vérité, même si elle la touche
faiblement. » [1] Or cette lumière n'est autre qu'une illumination
divine spéciale. Donc etc.

Cinquièmement ainsi. Augustin, au livre XII des 5
Confessions : « Quand nous voyons l'un et l'autre que ce que tu
dis est vrai, quand nous voyons l'un et l'autre que ce que je dis
est vrai, où le voyons-nous, je te le demande ? Assurément, ce
n'est pas en toi que je le vois, ce n'est pas en moi que je le vois.
Nous le voyons tous deux en l'immuable Vérité, qui est au-
dessus de nos intelligences. » [2] Mais nous ne voyons en elle que
par illumination divine spéciale, puisqu'elle excède les limites
de notre nature. Donc etc.

<ARGUMENTS POUR>

A l'opposé, on argumente premièrement ainsi. Augustin, 6
au premier livre *Des Académiciens* : « On ne connaît de meil-
leur chemin qui conduise à la vérité que la recherche diligente
de la vérité. » [3] Or cette recherche serait vaine si par elle et sans
illumination divine spéciale, l'homme ne pouvait atteindre la
vérité. Donc etc.

1. Augustin, *Sur le sermon du Seigneur sur la montagne*, II, c. 9, § 32.
2. Augustin, *Confessions*, XII, c. 25, § 35 (BA 14, 402).
3. Augustin, *Contre les Académiciens*, I, c. 5, § 14 (BA 4, 42).

7   Secundo sic. Philosophus dicit in principio *Metaphysicae* :
« *Omnes homines natura scire desiderant* »[1]. Sed non
W31 desiderant natura, nisi | quod per naturam scire possunt. Ergo
homines per naturam aliquid possunt scire. Ad tale autem non
requiritur specialis illustratio divina. Ergo etc.

<SOLUTIO>

8 | Dicendum ad hoc quod omnium cognoscibilium se
B4rB habentium per ordinem, ita quod semper postremum natum est
cognosci per praecedens, si cognitio primi illorum poterit
attingi per intellectum ex puris naturalibus sine omni speciali
illustratione divina, similiter et omnium posteriorum cognitio
eodem modo poterit attingi. Si enim homo ex puris naturalibus
sine omni speciali illustratione divina poterit attingere ad
cognitionem primorum principiorum speculabilium, similiter
et ex puris naturalibus sine omni speciali illustratione divina
poterit attingere ad cognitionem omnium conclusionum
sequentium post principia. Licet enim cognitio principiorum
sit quaedam illustratio ad cognitionem conclusionum, si tamen
ex puris naturalibus poterit homo ad illam attingere, non
dicitur illustratio specialis divina in cognoscendo per ipsa
conclusiones. Si autem in aliquibus cognoscibilibus ordinatis
ad invicem primum illorum non poterit attingi ab homine ex

Deuxièmement ainsi. Le Philosophe, au début de la 7
Métaphysique : « Tous les hommes désirent naturellement
savoir. »[1] Mais il ne peuvent désirer naturellement que | ce W31
qu'ils peuvent savoir par nature. Donc les hommes peuvent
savoir quelque chose par nature. Mais pour cela, aucune
illumination divine spéciale n'est requise. Donc etc.

<SOLUTION>

| Il faut répondre à cela que, parmi tous les connaissables 8
se trouvant ordonnés, de sorte que le suivant est de nature à B4rB
être connu par le précédent, si la connaissance du premier
d'entre eux pouvait être atteinte par l'intellect par les seuls
moyens naturels et sans aucune illumination divine spéciale,
alors, de même, la connaissance de tous les autres <connais-
sables> suivants pourrait être atteinte de la même façon.
En effet, si l'homme, par les seuls moyens naturels et sans
aucune illumination divine spéciale, pouvait accéder à la
connaissance des premiers principes de la spéculation, alors
de la même façon, par les seuls moyens naturels et sans aucune
illumination divine spéciale, il pourrait accéder à la connaissance de toutes les conclusions consécutives aux principes.
Car bien que la connaissance des principes soit une certaine
illumination pour la connaissance des conclusions, toutefois si
l'homme pouvait l'atteindre par les seuls moyens naturels, elle
ne serait pas appelée « illumination divine spéciale » pour la
connaissance qu'elle procure de ces conclusions. En revanche,
s'il se trouve que l'homme ne peut atteindre les premiers

---

1. Aristote, *Mét.*, A (I), c. 1 980a 21.

W32 puris naturalibus, sed solum ex speciali illustratione | divina,
neque similiter aliquid eorum quae sunt post, quia posteriora
non cognoscuntur nisi in ratione primi[1]. Nunc autem procul-
dubio verum est quod in aliquibus cognoscibilibus primum
illorum non potest cognosci aut sciri ex puris naturalibus, sed
solum ex speciali illustratione divina, ut in illis quae per se et
simpliciter sunt credibilia, et ideo in talibus simpliciter et
absolute concedendum est quod non contingit hominem scire
aliquid ex puris naturalibus, sed solum ex speciali illustratione
divina, secundum quod hoc inferius determinabitur.

9   Quidam autem hunc modum sciendi volunt extendere ad
omne scibile, dicendo quod nullum verum contingit sciri ab
homine ex puris naturalibus sine speciali illustratione divina
lumine aliquo supernaturali infuso. Et credunt hoc esse de
mente Augustini in omnibus libris suis, ubicumque tractat,
quod quicumque verum videt in prima veritate sive in regulis
aeternis sive in luce aeterna illud videt, secundum quod dicit
XI° *De civitate Dei* cap.° 10°: «*Non inconvenienter dicatur sic
illuminari animam incorporea luce simplicis sapientiae Dei,
sicut illuminatur aeris corpus luce corporea*»[2]. Sic dicentes
multum derogant dignitati et perfectioni intellectus creati.

de certains connaissables ordonnés par les seuls moyens naturels, mais seulement par une illumination divine spéciale, | alors il ne pourra pas davantage, et de la même façon, attein- **W32** dre l'un de ceux qui suivent, car ce qui est postérieur n'est connu que dans la raison de ce qui est premier[1]. Cependant, il ne fait pas de doute que pour certains connaissables, le premier d'entre eux ne peut être connu ou su par les seuls moyens naturels, mais seulement par une illumination divine spéciale, comme c'est le cas de ceux qui sont par soi et purement objets de croyance, de sorte qu'à leur sujet il faut concéder purement et simplement qu'il n'est pas possible à l'homme de savoir quelque chose par les seuls moyens naturels, mais seulement par une illumination divine spéciale, comme nous le déterminerons plus loin.

Toutefois, certains veulent étendre ce mode de [9] connaissance à tout connaissable, en disant qu'il n'est possible à l'homme de connaître aucune vérité à partir des seuls moyens naturels et sans illumination divine spéciale, <c'est-à-dire> sans une certaine lumière communiquée surnaturellement. Et ils croient que c'est l'opinion d'Augustin dans tous ses livres, partout où il en traite, que quiconque voit le vrai, c'est dans la première vérité, soit dans les règles éternelles, soit encore dans la lumière éternelle qu'il le voit, ainsi qu'il le dit au livre XI de *La cité de Dieu*, chapitre 10 : « Il n'est pas illégitime de dire que l'âme incorporelle est illuminée par la lumière incorporelle de la Sagesse simple de Dieu, comme l'air corporel est illuminé par la lumière corporelle. »[2] En parlant ainsi, ils portent grandement atteinte à la dignité et à la perfection de l'intellect créé.

---

1. *Cf.* Aristote, *Mét.*, B (III), c. 1, 995a 27-30.
2. Augustin, *La Cité de Dieu*, XI, c. 10 (BA 35, 66).

Cum enim cuilibet rei naturali perfectae in forma sua
debetur aliqua actio sive operatio propria naturalis et ex puris
W33 | naturalibus per quam potest attingere bonum sibi naturale, ut
patet in omnibus aliis rebus naturalibus, secundum quod dicit
Damascenus II° *Sententiarum* : «*Quorum naturae sunt differentes, horum et operationes differentes; impossibile enim est
substantiam expertam esse naturali operatione*»[1] et libro *De
duplici natura et voluntate Christi*, cap.° 4° : «*Impossibile est
naturam constitui* extra eas *quae* secundum ipsam *naturales
proprietates veluti vitale rationale voluntarium. Qui enim non
ratiocinatur non est homo, non factus est enim homo non ratio-
cinans sive bene sive male*»[2]; cum ergo «scire et *intelligere*
maxime sit *propria* operatio intellectus»[3], ut dicitur in I° *De
anima*, si scire non posset ei contingere ex puris naturalibus,
neque ulla operatio omnino; et sic quoad hoc esset inferior omnibus creaturis, quod est inconveniens; secundum enim quod
dicit Philosophus II° *Caeli et mundi* : «*res bona completa
integra* bonitate *non indiget operatione* aliqua *qua sit bona*»[4],
et est causa prima omnium, a qua omnis res alia recipit
suam bonitatem; et ideo eget propria operatione per quam

À toute chose naturelle, parfaite dans sa forme, revient une certaine action ou opération naturelle propre et par laquelle, par | des moyens purement naturels, elle peut atteindre le W33 bien qui lui est naturel. C'est manifeste pour toutes les autres choses naturelles, ainsi que le dit Damascène au livre II des *Sentences* : « Ce dont les natures sont différentes, les opérations seront différentes ; il est impossible en effet à une substance d'être privée de son opération naturelle »[1], et au livre *La double nature et volonté du Christ*, chapitre 4 : « Il est impossible à une nature d'être constituée à l'extérieur des propriétés qui lui sont par elle-même naturelles, par exemple <les propriétés> vitale, rationnelle et volontaire. Car celui qui ne raisonne pas n'est pas un homme, puisque l'homme n'est pas fait non raisonnant, que ce soit <raison-nant> bien ou mal »[2]. Par conséquent, comme « savoir et intelliger sont au plus haut point l'opération de l'intellect »[3], ainsi qu'il est dit au premier livre *De l'âme*, si <l'opération de> savoir ne pouvait lui appartenir par des moyens purement naturels, alors absolument aucune autre opération non plus. Et ainsi, il serait relativement à cela inférieur à toutes les autres créatures, ce qui est inconséquent. En effet, selon le Philosophe, *Le ciel et le monde*, livre II[4], la chose qui est bonne par une bonté complète et entière n'est privée d'aucune opération par laquelle elle est bonne, et elle est la première cause de toutes choses. Toute autre chose reçoit d'elle sa bonté et a besoin par conséquent de l'opération propre par laquelle

1. Jean Damascène, *La foi orthodoxe*, 37 (II, 23), trad. fr. P. Ledrux, éd. bilingue, Cerf, 2010, p. 341.

2. Jean Damascène, *Sur les deux volontés dans le Christ*, c. 4.

3. Aristote, *De l'âme*, I, c. 1, 403a7-8.

4. Aristote, *Du ciel*, II, c. 12, 292a22-23 et 292b4-5.

moveatur in ipsam, ut *divino* esse illius participet *secundum*
W34 | quod *potest. Omnia enim* illud appetunt, *et* causa illius *agunt*
quaecumque *agunt* secundum *naturam*[1].

10   Forte dicetur hic pro opinione praedicta : « Bene verum est
quod intelligere verum et scire est propria et naturalis operatio
intellectus et animae humanae per quam bonitatem suam
acquirit, sed ad illam eget speciali illustratione propter actus
illius eminentiam et dignitatem, cum tamen cetera agant
actiones suas ex puris naturalibus. Hoc enim est propter
illarum actionum imperfectionem, et non est inconveniens
quod res una indigeat pluribus ad agendum actionem perfec-
tiorem, cum res alia indigeat paucioribus ad agendum
actionem imperfectiorem »[2].

11   Hoc dicere omnino est inconveniens et multum derogat
B4v dignitati animae rationalis. Si enim | aliae res inferiores ex
puris naturalibus possint in aliquam operationem naturae suae
correspondentem et proportionalem, inconveniens est hoc
denegare animae rationali, ut licet non possit ex puris naturalibus in eminentem operationem naturam suam excedentem,
quin possit in aliquam operationem naturae suae congruentem
et proportionalem. Multum enim est inconveniens ut Deus
animam humanam fecerit inter naturales res et sibi non
praeparaverit instrumenta naturalia quibus poterit in operationem aliquam naturalem sibi debitam, cum illa praeparaverit

elle est mûe vers cette cause, de telle sorte qu'elle participe, | autant qu'elle le peut, de son être divin. Car toutes choses la **W34** désirent, et toutes les choses qui agissent selon la nature agissent à cause d'elle [1].

Peut-être répondra-t-on ici en faveur de l'opinion en [10] question : Il est bien exact qu'intelliger le vrai et savoir constituent l'opération naturelle et propre de l'intellect et de l'âme humaine, par laquelle elle acquiert sa bonté ; mais pour cela elle a besoin d'une illumination spéciale à cause de l'éminence et de la dignité de l'acte, alors que les autres choses produisent leurs actions par les seuls moyens naturels. Car cela vient de l'imperfection de leurs actions, et il n'est pas inconséquent qu'une certaine chose ait besoin de plusieurs <aides> pour réaliser une action plus parfaite, tandis que les autres choses en ont besoin de moins pour réaliser une action moins parfaite [2].

Parler ainsi est tout-à-fait inconséquent et porte [11] grandement atteinte à la dignité de l'âme raisonnable. Car si | les autres choses inférieures sont capables, par les seuls **B4v** moyens naturels, d'une opération qui correspond et qui est pro-portionnelle à leur nature, il est inconséquent de le refuser à l'âme raisonnable. Ce serait comme si, bien que par les seuls moyens naturels elle ne soit pas capable d'une opération éminente qui excède sa nature, elle n'était donc pas non plus capable d'une opération adéquate et proportionnée à sa nature. Il est tout-à-fait inconséquent que Dieu ait fait l'âme humaine parmi les choses naturelles, et qu'il ne l'ait pas dotée des instruments naturels grâce auxquels elle est capable d'une opération naturelle qui lui revient, alors qu'il en a doté les

---

1. Aristote, *De l'âme*, II, c. 4, 415a29 – b2.
2. *Cf.* Aristote, *Du ciel*, II, c. 12, 292a28 – b13.

aliis rebus inferioribus. Multo enim minus Deus quam natura aliquid operatur frustra aut deficit alicui rei in sibi necessariis[1]. Operatio autem animae humanae propria naturalis non est alia

W35 quam scire aut cognoscere. | Absolute ergo concedere oportet quod homo per suam animam absque omni speciali divina illustratione potest aliqua scire aut cognoscere, et hoc ex puris naturalibus. Contrarium enim dicere multum derogat dignitati animae et humanae naturae.

12   Dico autem « ex puris naturalibus » non excludendo generalem influentiam primi intelligentis, quod est primum agens in omni actione intellectuali et cognitiva, sicut primum movens movet in omni motu cuiuslibet rei naturalis. Nec impedit illa influentia generalis adiuvans ad cognoscendum quin cognitio illa dicatur fieri ex puris naturalibus. Quia enim homo in cognoscendo quaecumque cognoscit naturaliter habet sibi assistentem illam influentiam, idcirco dicendum est quod ad cognoscendum omnia alia posteriora, ad quae per illam attingit, ex puris naturalibus attingit.

13   Si ergo large accipiamus scire ad omnem certam notitiam rei, ut comprehendat etiam cognitionem sensitivam, sicut dictum est in quaestione praecedenti, quantum est ex parte sensus et cognitionis sensitivae, patet quod simpliciter et absolute dicendum est quod contingit aliquid scire et cognoscere

autres choses inférieures. Car Dieu, bien davantage que la nature, ne fait rien en vain, ni ne manque à doter une chose de ce qui lui est nécessaire[1]. Or l'opération naturelle propre de l'âme humaine n'est autre que savoir et connaître. | Il est donc **W35** nécessaire de concéder absolument que l'homme, par son âme, abstraction faite de toute illumination divine spéciale, peut connaître ou savoir quelque chose, et cela par les seuls moyens naturels. Affirmer le contraire déroge grandement à la dignité de l'âme et de la nature humaine.

Toutefois, lorsque je dis « par les seuls moyens naturels », 12 c'est sans exclure l'influence générale du premier Intelligent, qui est le premier agent dans toute action intellectuelle et cognitive, de même que le premier moteur agit en tout mouvement d'une chose naturelle. La présence de cette influence générale, qui aide à la connaissance, ne nous impose pas de dire qu'une telle connaissance ne se produit pas « par les seuls moyens naturels ». Puisqu'en effet cette influence assiste l'homme dans tout ce qu'il connaît naturellement, pour cette raison il faut dire que c'est par des moyens purement naturels qu'il atteint la connaissance de toutes les choses ultérieures à celles qu'il atteint grâce à elle.

Ainsi, si nous entendons « savoir » au sens large de toute 13 connaissance certaine d'une chose, de sorte que cela inclut également la connaissance sensitive (comme il a été dit dans la question précédente), alors, pour ce qui concerne le sens et la connaissance sensitive, il est manifeste qu'il faut dire purement et simplement qu'il est possible de savoir et de connaître quelque chose par une connaissance

---

1. *Cf.* Aristote, *Du ciel*, I, c. 4, 271a 33.

certa cognitione sensitiva, ut ostensum est in quaestione
praecedenti, et hoc ex puris naturalibus, quod pertinet ad istam
quaestionem, et hoc ideo, quoniam sensibilia sensuum prima
quadam necessitate naturali immutant sensus et per illa etiam
naturali necessitate immutant sensus, tam exteriores quam
interiores, omnia sensibilia posteriora.

14 | Quantum autem est ex parte intellectus et cognitionis
B4vC intellectivae, cuius cognoscere proprie dicitur scire, distin-
guendum est. Quamquam enim secundum Augustinum *83*
W36 *Quaestionibus* | «nihil scitur nisi verum»[1], aliud tamen est
scire de creatura id quod verum est in ea, et aliud est scire eius
veritatem, ut alia sit cognitio qua cognoscitur res, alia qua
cognoscitur veritas eius. Omnis enim virtus cognoscitiva per
suam notitiam apprehendens rem, sicut habet esse in se extra
cognoscentem, apprehendit quod verum est in ea, sed non
per hoc apprehendit eius veritatem. Sensus enim etiam
in brutis bene apprehendit de re quod verum est in ea, ut
verum hominem, verum lignum, verum lapidem, et maxime
proprium obiectum, «circa quod de necessitate est verus»[2],

sensitive certaine (comme il a été dit dans la question précédente), et cela par les seuls moyens naturels (ce qui est l'objet de la présente question), car les objets des sens affectent les sens par une nécessité naturelle première, et c'est également par la même nécessité naturelle que tous les sensibles postérieurs affectent les sens aussi bien extérieurs qu'intérieurs.

<Connaître la chose comme être et connaître sa vérité>

| Cependant, s'agissant de l'intellect et de la connaissance 14 intellective, dont l'acte de connaître se nomme proprement **B4vC** « savoir », il faut distinguer. Bien que, selon Augustin, *83 Questions*[1], | il n'y ait de savoir que du vrai, une chose pourtant **W36** est de savoir, au sujet de la créature, ce qui est vrai en elle, et une autre de savoir sa vérité, de sorte que la connaissance par laquelle une chose est connue, est autre que celle par laquelle on connaît sa vérité. En effet, toute puissance cognitive qui, par sa connaissance (*notitia*), appréhende une chose de la même façon qu'elle possède l'être en soi à l'extérieur de celui qui connaît, appréhende ce qui est vrai en cette chose, mais elle n'appréhende pas en cela sa vérité. En effet, le sens, même chez les animaux, appréhende correctement, au sujet d'une chose, ce qui est vrai en elle – comme un homme vrai, du vrai bois, une vraie pierre –, et <il appréhende> au plus haut point son objet propre « au sujet duquel il est vrai par nécessité »[2],

---

1. *Cf.* Augustin, *Quatre-vingt-trois questions diverses*, q. 1 (BA 10, 52).
2. *Cf.* Aristote, *De l'âme*, II, c. 6, 418a 11-13; III, c. 3, 427b 11-12; III, c. 3, 428b 18 – 29a 1.

sed tamen nullius rei veritatem apprehendit sive cognoscit; propter quod de nullo potest iudicare quid sit in rei veritate, ut de homine quod sit verus homo, vel de colore quod sit verus color.

15   Cognitione igitur intellectiva de re creata duplex potest haberi cognitio : una qua praecise scitur sive cognoscitur simplici intelligentia id quod res est; alia qua scitur et cognoscitur intelligentia componente et dividente veritas ipsius rei[1]. In prima cognitione intellectus noster omnino sequitur sensum, nec est aliquid conceptum in intellectu quod non erat prius in sensu[2]. Et ideo talis intellectus in

W37 quantum huiusmodi bene potest esse verus | concipiendo sive cognoscendo rem sicuti est, quemadmodum et sensus quem sequitur, licet non concipiat vel intelligat ipsam veritatem rei certo iudicio percipiendo de ipsa quid sit, ut quod sit verus homo vel verus color.

16   Cuius duplex est ratio, una ex parte ipsius intellectus, alia vero ex parte intelligibilis. Ex parte intellectus ratio est quia intellectus veritatem non concipit simplici intelligentia, sed solum « *compositione et divisione* », ut vult Philosophus VI° *Metaphysicae*[3] et ut inferius habebit declarari. Unde sicut sensus dicitur verus comprehendendo rem sicuti est,

mais cependant il n'appréhende ni ne connaît la vérité d'aucune chose. C'est pourquoi il ne peut juger, au sujet d'aucune chose, ce qu'elle est dans sa vérité de chose – comme au sujet de l'homme que c'est un homme véritable, ou bien de la couleur qu'il s'agit d'une couleur véritable.

Par conséquent, par la connaissance intellective, on peut 15 avoir une double connaissance d'une chose créée : l'une, par laquelle précisément on sait ou connaît, par une intelligence simple, ce qu'est la chose ; l'autre, par laquelle on sait et connaît, par une intelligence qui compose et divise, la vérité de cette chose[1]. Dans la première connaissance, notre intellect suit totalement le sens, et il n'y a aucun concept de l'intellect qui ne se trouvait préalablement dans le sens[2]. Et c'est pourquoi, en tant que tel, un tel intellect peut effectivement être vrai | en concevant ou bien connaissant la chose telle **W37** qu'elle est, tout comme le sens qu'elle suit, bien qu'il ne conçoive pas ou n'intellige pas la vérité même de la chose par un jugement certain en percevant ce qu'elle est, comme d'être un homme véritable ou une couleur véritable.

La raison à cela est double : l'une se trouve du côté de 16 l'intellect, tandis que l'autre se trouve du côté de l'intelligible. Du côté de l'intellect, la cause en est que l'intellect ne conçoit pas la vérité par une intelligence simple, mais seulement « par composition et division », ainsi que le soutient le Philosophe en *Métaphysique* VI[3], et comme nous aurons à le montrer plus loin. Ainsi, de même que le sens est qualifié de « vrai » en tant qu'il comprend la chose telle qu'elle est,

1. *Cf.* Aristote, *De l'âme*, III, c. 6, 430a26 – b1.

2. *Cf.* Thomas d'Aquin, *Quest. disput. sur la vérité*, q. 2, art. 3, art. 19 *et* ad 19ᵐ.

3. Aristote, *Mét.*, E (VI), c. 4, 1027b17-19.

non autem comprehendendo eius veritatem, sic et simplex
intelligentia sequens sensum verum vera dicitur, comprehendendo rem sicuti est, non autem comprehendendo eius
veritatem.

17   Ex parte autem intelligibilis ratio est quod alia est intentio
rei qua est id quod est et alia qua dicitur vera, licet simul sunt
in quacumque re et convertuntur sibi invicem, quia omne ens
est verum et e converso. Ut enim dicit prima propositio *De
Causis*, « *prima rerum creaturarum est esse* »[1]. Et ideo prima
intentio comprehensibilis per intellectum est ratio entis, quam
contingit intelligere absque eo quod ulla alia intentio circa ens
intelligatur, quia nullam aliarum includit in se et ipsa in omnibus aliis includitur. Quamquam enim intentio entis non intelligitur nisi sub ratione veri, quod est per se obiectum intellectus,
non tamen verum in eo quod est ratio intelligendi ens est
W38 obiectum intellectus, sicut est ens. | Ratio enim veri est ratio
intelligibilitatis in quocumque, obiectum tamen est verum ens
B4vD vel verum bonum, et sic de aliis rerum intentionibus. | Unde
quia intentio entis in omnibus aliis rerum intentionibus
includitur, tam universalibus quam particularibus – quod enim
non est ens nihil est –, ideo vult Commentator super primam
propositionem *De causis* « quod esse *vehementioris* est
adhaerentiae cum re quam » aliae intentiones quae sunt in ea[2].

mais non en tant qu'il comprend sa vérité, de même l'intelligence simple qui suit le sens vrai est qualifiée de « vraie » en tant qu'elle comprend la chose telle qu'elle est, mais non en tant qu'elle comprend sa vérité.

Du côté de l'intelligible, la cause en est que l'intention 17 de la chose par laquelle elle est ce qu'elle est, est autre que <l'intention> par laquelle elle qualifiée de « vraie » – bien qu'elles se trouvent ensemble en toutes choses et soient convertibles entre elles, puisque tout être est vrai et réciproquement. Ainsi que le dit en effet la première proposition du *Livre des Causes*, « la première des choses créées est l'être » [1]. Par conséquent, la première intention compréhensible par l'intellect est la raison d'étant, qu'il peut intelliger sans intelliger aucune autre intention concernant l'étant, car elle n'en inclut en soi aucune autre, et elle est elle-même incluse dans toutes les autres. Bien que l'intention d'étant ne soit en effet intelligée que sous la raison de vrai, qui est l'objet par soi de l'intellect, pourtant le vrai n'est pas objet de l'intellect en tant qu'il est raison d'intelliger l'étant, comme l'est <l'intention d'> étant. | En effet, la raison de vrai est en toutes choses la raison **W38** d'intelligibilité, mais l'objet <connu> est un étant vrai ou un vrai bien, et ainsi pour les autres intentions des choses. | De **B4vD** sorte que, puisque l'intention d'étant est incluse dans toutes les autres intentions des choses, tant universelles que particulières – car ce qui n'est pas étant n'est rien –, le Commentateur soutient pour cette raison, sur la première proposition du *Livre des Causes*, que l'être se caractérise par une adhérence plus intense à la chose que les autres intentions qui sont en elles [2].

---

1. *Livre des causes*, prop. IV, 37 (trad. fr. p. 45).
2. *Livre des causes*, prop. I, 15 (trad. fr. p. 40).

18   Post intentionem autem entis proximiores sunt in re illae intentiones universales quae sunt unum, verum, bonum, et hoc **Bsr** diversimode et secundum ordinem, quoniam quaelibet | res sub intentione entis existens tripliciter potest considerari. Primo in quantum habet esse determinatum in natura sua, quo per formam suam est in se indivisa et a quolibet alio divisa. Sic convenit ei intentio unius : in eo enim quaelibet res est una quo in se est indivisa formaliter et a quolibet alio divisa. « *Unum* enim », ut dicit Philosophus III° *Metaphysicae*, « *est aliquid per se existens* solitarium »[1]. Secundo in quantum in esse suo habet quod de ea exemplar ad quod est repraesentat. Sic convenit intentio veri : in tantum enim vera est quaecumque res, in quantum in se continet quod exemplar eius repraesentat. Tertio autem in quantum congruit suo fini ad quem est. Sic convenit ei intentio boni : in tantum enim quaelibet res est bona, in quantum respicit finem, qui bonus est.

19 | Quia igitur verum dicit intentionem rei in respectu ad **W39** suum exemplar, quae non est prima, sed secundaria, ens autem dicit intentionem rei primam et absolutam, id quod est ens et verum in re bene potest apprehendi ab intellectu absque hoc quod intentio veritatis eius ab ipso apprehendatur. Intentio enim veritatis in re apprehendi non potest nisi apprehendendo conformitatem eius ad suum exemplar; intentio vero entis

Cependant, après l'intention d'étant, les intentions les plus 18
proches dans la chose sont ces intentions universelles que sont
l'un, le vrai, le bien, et cela selon différents modes et dans
l'ordre <cité>, car toute | chose existante peut être considérée **B5r**
de trois façons sous l'intention d'étant. *Premièrement*, en tant
qu'elle possède un être déterminé dans sa nature, par lequel
elle est en soi indivise par sa forme et est séparée de toute autre.
C'est de cette façon que lui revient l'intention de l'"un" : en
effet, toute chose est une dans la mesure où elle est en soi
formellement indivise, et séparée de toute autre. Car l'un,
comme le dit le Philosophe en *Métaphysique* III [1], est ce qui est
existant par soi séparément. *Deuxièmement*, en tant qu'elle
possède dans son être ce que représente d'elle le modèle
d'après lequel elle est. C'est ainsi que lui convient l'intention
de « vrai » : car une chose est vraie dans la mesure où elle
contient en soi ce que son modèle représente. *Troisièmement*,
en tant qu'elle correspond à sa fin, vers laquelle est <dirigée>.
C'est ainsi que lui convient l'intention de « bien » : car une
chose est bonne dans la mesure où elle regarde la fin qui est
le bien.

| Puisque, par conséquent, le vrai dit l'intention de la chose 19
en relation à son modèle, <intention> qui n'est pas première, **W39**
mais seconde, tandis que l'étant exprime l'intention première
et absolue de la chose, ce qui est étant et vrai dans la chose peut
parfaitement être appréhendé par l'intellect sans qu'il n'appréhende son intention de vérité. Car l'intention de vérité qui est
dans la chose ne peut être appréhendée qu'en appréhendant sa
conformité à son modèle, tandis que l'intention d'étant est

---

1. Aristote, *Mét.*, B (III), c. 4, 1001 b 1-4.

apprehenditur in re absoluta sine omni tali respectu. In
cognitione autem secunda, qua scitur sive cognoscitur veritas
ipsius rei, sine qua non est hominis cognitio perfecta de re,
cognitio et iudicium intellectus omnino excedunt cognitionem
et iudicium sensus, quia, ut dictum est, intellectus veritatem rei
non cognoscit nisi componendo et dividendo[1], quod non
potest facere sensus, et ideo talis intellectus potest cognoscere
de re quod non potest cognoscere sensus, neque etiam intellectus qui est simplicium intelligentia, quod est certo iudicio
apprehendere de re quod in rei veritate sit tale vel tale, ut verus
homo vel verus color et huiusmodi.

20   De isto ergo modo sciendi et cognoscendi aliquid
per intellectum quo scitur veritas rei, quod est proprie
scire, utrum ex puris naturalibus possit homo scire aliquid
sine omni speciali illustratione divina, adhuc restat dubitatio.
B5rE | Et est dicendum quod, cum, ut dictum est iam, veritas
W40 rei non | potest cognosci nisi ex cognitione conformitatis
rei cognitae ad suum exemplar, quia, secundum quod
dicit Augustinus *De vera religione*: «*vera in tantum
vera sunt in quantum principalis unius similia sunt*»[2], et
Anselmus *De veritate*: «veritas est rei conformitas ad suum

appréhendée dans la chose absolue, sans aucune relation de cette sorte. Or dans la seconde connaissance, par laquelle la vérité de cette chose est sue ou connue, et sans laquelle il n'y a pas pour l'homme de connaissance parfaite de la chose, la connaissance et le jugement de l'intellect excèdent totalement la connaissance et le jugement des sens, puisque, comme il a été dit, l'intellect ne connaît la vérité de la chose qu'en composant et divisant[1], ce que ne peut faire le sens. C'est pourquoi un tel intellect <qui compose et divise> peut connaître de la chose ce que ni le sens, ni non plus l'intellect qui est une intelligence des <réalités> simples ne peuvent connaître, à savoir qu'il peut appréhender de la chose, par un jugement certain, qu'elle est telle ou telle dans sa vérité de chose, comme un homme vrai ou une couleur vraie, etc.

<Les deux modèles, créé et incréé>

Ainsi, au sujet de ce mode de savoir et de connaître 20 quelque chose par une intellection par laquelle la vérité de la chose est sue – ce qui est savoir au sens propre –, il reste un doute : l'homme peut-il connaître quelque chose par les seuls moyens naturels et sans aucune illumination spéciale ? | Il faut **B5rE** répondre que, comme il a déjà été dit, la vérité d'une chose | ne **W40** peut être connue que par la connaissance de la conformité de la chose connue à son modèle – puisque, selon ce qu'affirme Augustin dans *La vraie religion*, « les choses vraies sont vraies en tant qu'elles sont semblables au principe de l'Un »[2], et Anselme, *La vérité* : « la vérité est la conformité de la chose à

---

1. *Cf.* Aristote, *De l'interprétation*, c. 1, 16a 12-13 ; *Mét.*, E (VI), c. 4, 1027b 17-19.

2. Augustin, *La vraie religion*, c. 36, § 66 (BA 8, 120).

exemplar verissimum»[1], et ibidem «*quod est vere est, in quantum est, quod ibi est*»[2], secundum quod duplex est exemplar rei, dupliciter ad duplex exemplar veritas rei habet ab homine cognosci. Est enim, secundum quod vult Plato in I° *Timaei*, duplex exemplar: «quoddam *factum* atque *elaboratum*, quoddam *perpetuum* atque *immutabile*»[3]. Primum exemplar rei est species eius existens apud animam universalis, per quam acquirit notitiam omnium suppositorum eius, et est causata a re. Secundum exemplar est ars divina continens omnium rerum ideales rationes, ad quod Plato dicit «*Deum mundum instituisse*»[4], sicut artifex ad exemplar artis in mente sua facit domum, non autem ad primum.

21   Aspiciendo igitur ad exemplar primum, sciendum quod homo potest dupliciter aspicere: uno modo ut ad obiectum cognitum descriptum extra cognoscentem, ut aspiciendo imaginem hominis | depictam in pariete ad cognoscendum hominem; alio modo ut ad rationem cognoscendi descriptam

son modèle le plus vrai » [1], et au même endroit : « Ce qui est, est véritablement en tant qu'il est ce qui est là <, c'est-à-dire dans son modèle> » [2]. Ainsi, dans la mesure où le modèle de la chose est double, c'est de deux façons, en rapport au double modèle, que la vérité de la chose peut être connue par l'homme. Il y a en effet, ainsi que l'affirme Platon dans le *Timée*, un double modèle : « l'un produit et élaboré, l'autre perpétuel et immuable » [3]. Le premier modèle de la chose est son espèce universelle existant auprès de l'âme, par laquelle l'âme acquiert la connaissance de toutes ses instanciations individuelles, et qui est causée par la chose. Le second modèle est l'art divin contenant les raisons idéales de toutes choses, et par lesquelles, selon Platon, « Dieu a institué le monde » [4], tout comme l'artisan construit la maison grâce au modèle de l'art présent dans son esprit, et non en rapport au premier <modèle incréé>.

<Les deux modes de connaissance du modèle créé>

Ainsi, il faut savoir que l'homme, en portant son regard sur le premier modèle <ou modèle créé>, peut le regarder de deux façons : *d'une première façon*, comme un objet connu inscrit à l'extérieur de celui qui connaît, tout comme, pour connaître un homme, on porte son regard sur l'image de l'homme | peinte **W41** 21

---

1. *Cf.* Anselme, *La Vérité*, c. 11 ; *cf.* Thomas D'Aquin, *Quest. disput. sur la vérité*, q. 1, art. 1.
2. *Cf.* Anselme, *La Vérité*, c. 7.
3. Platon, *Timée*, 28C.
4. Platon, *Timée*, 29A.

in cognoscente, secundum quod species sensibilium descri-
buntur in sensu et species intelligibilium in intellectu.

22   Primo modo impossibile est cognoscere veritatem rei
aspiciendo ad suum exemplar, sed solum contingit de ea
habere imaginariam apprehensionem, qualem sibi potuit
formasse fortuito ipsa imaginativa virtus. Unde miraretur
homo, si homo cuius est illa imago, quem numquam viderat,
sibi occurreret[1], ut dicit Augustinus VIII° *De Trinitate* cap.°
5°. Per illam etiam imaginariam apprehensionem acceptam de
imagine depicta, si nominaretur ei ille cuius erat imago, posset
devenire ad iudicandum aestimative de illo cuius esset imago,
si ei occurreret, et tunc primo ex ipsa re visa in propria forma
eius veritatem cognoscere et per ipsam de eius imagine, si
esset vera imago ei correspondens, iudicare. Et per hunc
modum legitur regina Candacis habuisse *imaginem* Alexandri
regis *depictam* apud se priusquam eum umquam viderat, et
eum cognovisse statim cum eum vidit, licet se alium fuisse
simulasset[2].

23   Secundo igitur modo, scilicet aspiciendo ad exemplar
W42 acceptum ab | ipsa re ut ad rationem cognoscendi in ipso
cognoscente, bene potest aliquo modo veritas ipsius rei
cognosci formando conceptum mentis de re conformem
illi exemplari. Et per hunc modum posuit Aristoteles

sur un mur ; *d'une deuxième façon*, comme une raison qui fait connaître inscrite dans celui qui connaît, à la manière dont les espèces sensibles sont inscrites dans le sens, et les espèces intelligibles dans l'intellect.

De la première façon, il est impossible de connaître la 22 vérité d'une chose en portant son regard sur sa copie, mais on ne peut posséder d'elle qu'une appréhension imaginaire, que cette même puissance imaginative peut avoir elle-même formée par hasard. Car quelqu'un se trouverait fort étonné si l'homme représenté dans l'image, et qu'il n'a jamais vu, se présentait à lui, comme le dit Augustin, *La Trinité*, livre VIII, chapitre 5[1]. De plus, par cette appréhension imaginaire reçue de l'image peinte, si celui qui est représenté vient à être nommé, alors on pourra accéder à un jugement estimatif au sujet de celui qui est représenté s'il se présente à nous, et ainsi, pour la première fois, par la chose même visée dans sa forme propre, connaître sa vérité, et également, par cette forme même, juger s'il s'agit d'une image qui lui correspond. C'est de cette façon que, dit-on, la reine de Candace possédait auprès d'elle une image peinte du roi Alexandre avant de l'avoir jamais vu, et qu'elle l'avait spontanément reconnu en le voyant, bien qu'il prétendît être quelqu'un d'autre[2].

De la deuxième façon – c'est-à-dire en portant son regard 23 sur le modèle reçu de la | chose même comme étant une raison **W42** qui fait connaître présente dans le connaissant [*Cf.* n. 21] –, on peut effectivement, d'une certaine façon, connaître la vérité de cette chose en formant un concept mental de la chose conforme à son modèle. Et c'est de cette façon qu'Aristote

1. *Cf.* Augustin, *La Trinité*, VIII, c. 5, § 7 (BA 16, 42).
2. *Cf.* Anonyme, *Histoire d'Alexandre le Grand*, § 109.

scientiam rerum et veritatis cognitionem acquiri ab homine ex puris naturalibus et de rebus naturalibus transmutabilibus, et tale exemplar acquiri ex rebus per sensum tamquam primum principium artis et scientiae, secundum quod dicit in principio *Metaphysicae*: «*Fit autem ars, cum ex multis experimento intellectis una fit universalis de similibus acceptio*»[1], et in II° *Posteriorum*: «*Ex sensu quidem fit memoria, ex memoria autem multotiens facta experimentum, ex experimento autem universali* existente *in anima uno praeter multa,* illud *est artis principium et scientiae*»[2]. Cui concordat illud quod dicit Augustinus XI° *De Trinitate* cap.° 4°: «*Detracta specie corporis quae corporaliter sentitur, remanet in memoria similitudo eius, qua rursus voluntas convertit aciem* mentis *ut inde formetur intrinsecus sicut ex corpore obiecto sensibili extrinsecus formabatur*»[3]. Inde, ut dicit libro VIII° cap.° 5°, **B5v** «*Secundum generales* aut *speciales* | rerum *notitias*» vel natura insitas vel experientia collectas de eis quae non vidimus «*cogitamus*»[4]. Unde per universalem notitiam quam

a posé que la science des choses et la connaissance de la vérité étaient acquises par l'homme par ses seuls moyens naturels, et cela au sujet des choses naturelles muables, et qu'un tel modèle était acquis à partir des choses par la sensation en tant que premier principe de l'art et de la science, ainsi qu'il le dit au début de la *Métaphysique* : « L'art naît lorsque, d'une multitude de notions expérimentales, se dégage un seul jugement universel, applicable à tous les cas semblables » [1] et dans les *Seconds Analytiques*, livre II : « C'est ainsi que la sensation vient de ce que nous appelons la mémoire, que de la mémorisation plusieurs fois répétée vient l'expérience, et que de l'expérience de l'universel existant dans l'âme comme une unité en dehors de la multiplicité vient le principe de l'art et de la science. » [2] Ce qui est en accord avec ce que dit Augustin, *La Trinité*, XI, chapitre 4 : « Une fois disparue la forme du corps qui était physiquement perçue, il en reste dans la mémoire une similitude vers laquelle la volonté peut de nouveau tourner le regard de l'esprit pour l'informer de l'intérieur, comme par l'objet corporel sensible elle était informée de l'extérieur. » [3] De sorte que, comme il le dit au livre VIII, chapitre 5 [4], c'est par des connaissances générales ou spéciales | des choses – ou bien **B5v** inscrites en nous par nature, ou bien collectées par l'expérience –, que nous pensons les choses que nous ne voyons pas. Aussi est-ce par une connaissance universelle que nous

1. Aristote, *Mét.*, A (I), c. 1, 981a 6-7.
2. Aristote, *Seconds Anal.* II, c. 19, 100a 3-9.
3. Augustin, *La Trinité*, XI, c. 3, § 6 (BA 16, 174).
4. Augustin, *La Trinité*, VIII, c. 5, § 7 (BA 16, 42).

W43 in nobis habemus | acquisitam de diversis speciebus animalis
cognoscimus de qualibet re quae nobis occurrit an sit animal
an non, et per specialem notitiam asini cognoscimus de
quolibet quod nobis occurrit an sit asinus an non.

24   Sed quod per tale exemplar acquisitum in nobis habeatur a
nobis certa omnino et infallibilis notitia veritatis, hoc omnino
est impossibile triplici ratione, quarum prima sumitur ex parte
rei de qua exemplar huiusmodi abstractum est, secunda ex
parte animae in qua huiusmodi exemplar susceptum est, tertia
ex parte ipsius exemplaris quod a re in anima susceptum est.

25   Prima ratio est quod exemplar tale, eo quod abstractum est
a re transmutabili, necesse habet aliquam rationem trans-
mutabilis. Unde quia res naturales magis sunt mutabiles quam
mathematicae, ideo posuit Philosophus maiorem haberi
certitudinem scientiae de rebus mathematicis quam de naturalibus per species earum universales, et hoc non nisi propter
specierum ipsarum existentium apud animam transmutabili-
tatem[1]. Unde hanc causam incertitudinis scientiae rerum
naturalium ex sensibilibus acceptam Augustinus, pertractans
83 Quaestionum q.ᵉ 9ᵃ, dicit quod «*a sensibilibus corporis
non est expetenda sincera veritas*», et quod «*saluberrime*

avons en nous, | obtenue des diverses espèces d'animaux, que **W43**
nous savons, pour toute chose que nous rencontrons, s'il s'agit
ou non d'un animal, et c'est par une connaissance spéciale de
l'âne que nous savons, au sujet de tout ce qui nous apparaît,
s'il s'agit ou non d'un âne.

<L'impossibilité d'une vérité pure fondée sur le modèle créé>

Mais que par un tel modèle acquis en nous-mêmes, on 24
puisse posséder par nous-mêmes une connaissance absolument certaine et infaillible de la vérité, voilà qui est absolument impossible, et ce pour trois raisons. *La première* est prise
de la chose dont un tel modèle est abstrait; *la deuxième* de
l'âme en laquelle un tel modèle est reçu; *la troisième* de ce
modèle même qui est reçu dans l'âme.

La *première raison* est qu'un tel modèle, en tant qu'il 25
est abstrait d'une chose muable, possède nécessairement
une certaine raison de mutabilité. C'est parce que les choses
naturelles sont davantages sujettes au changement que les
<objets> mathématiques, qu'Aristote a posé que l'on avait une
plus grande certitude dans la science des choses mathématiques que dans celle des choses naturelles obtenue par
leurs espèces universelles, et ce à cause de la mutabilité de ces
espèces existantes dans l'âme[1]. Et c'est à cause de cette
incertitude de la science des choses naturelles reçue des sensibles qu'Augustin, traitant de la question 9 des *83 Questions*,
affirme qu'« il ne faut donc pas demander de vérité authentique de la part des sens corporels » et que « l'on a de justes

1. *Cf.* Aristote, *Mét.*, E (VI), c. 1, 1026a 6-18.

admonemur averti ab hoc mundo ad Deum, id est veritatem
quae intelligitur et in interiori mente capitur, quae semper
manet et eiusdem naturae est, tota alacritate converti »[1].

26   Secunda ratio est quod anima humana, quia mutabilis est et
W44 erroris | passiva, per nihil quod mutabilitatis aequalis vel
maioris est cum ipsa, potest rectificari ne obliquetur per
errorem et in rectitudine veritatis persistat. Ibi exemplar omne
quod recipit a rebus naturalibus, cum sit inferioris gradus
naturae quam ipsa, necessario aequalis vel maioris mutabili-
tatis est cum ipsa. Non ergo potest eam rectificare ut persistat
in infallibili veritate. Et est ratio Augustini *De vera religione*
probantis per hoc immutabilem veritatem per quam anima
habet certam scientiam esse super animam, dicens : « *Lex*
omnium artium cum sit omnino immutabilis, mens vero
humana, cui talem legem videre concessum est, mutabilitatem
pati possit erroris, satis apparet super mentem nostram esse
legem quae veritas dicitur »[2], quae sola sufficit ad rectifican-
dum mentem commutabilem et obliquabilem in infallibili
cognitione, de qua non habet mens iudicare, sed per illam de
omni alio. De omni enim eo quod est inferius mente, habet
mens potius iudicare quam per illud iudicare de alio[3],
secundum quod determinat ibidem.

raisons de nous engager à nous détourner de ce monde pour nous tourner avec empressement vers Dieu, c'est-à-dire vers la vérité, qui est saisie par l'intellect et le sens intérieur, qui dure toujours, reste toujours identique et de même nature. » [1]

La *deuxième raison* est que l'âme humaine étant sujette au 26 changement et à l'erreur, | elle ne peut être rectifiée – de sorte **W44** qu'elle ne soit pas infléchie par l'erreur et qu'elle persiste dans la droiture de la vérité – par rien qui soit, par comparaison à elle, autant ou davantage sujet au changement. Or ici tout modèle que l'âme reçoit des choses naturelles lui étant d'un degré de nature inférieur, il est nécessairement autant ou davantage sujet au changement qu'elle. Il ne peut donc la rectifier pour qu'elle persiste dans une vérité infaillible. Il s'agit là d'un argument d'Augustin, lequel, dans *La vraie religion*, en prouvant que la vérité immuable par laquelle l'âme possède une science certaine se trouve au-dessus de l'âme, affirme : « comme cette loi qui préside à tous les arts est immuable, tandis que l'esprit humain, auquel il a été concédé de voir cette loi, est exposé aux variations de l'erreur, il est suffisamment manifeste qu'au-dessus de notre intelligence existe une loi qui se nomme vérité » [2] – loi qui est la seule à pouvoir rectifier la mutabilité de l'esprit et son biais en une connaissance infaillible, loi dont l'esprit n'a pas à juger, ayant à juger de toutes les autres choses par elle. Tout ce qui est inférieur à l'esprit, l'esprit doit davantage le juger que juger d'autre chose par son moyen, ainsi qu'il le précise au même endroit [3].

---

1. Augustin, *Quatre-vingt-trois questions diverses*, q. 9 (BA 10, 58-60).
2. Augustin, *La vraie religion*, c. 30, § 56 (BA 8, 104).
3. *Cf.* Augustin, *La vraie religion*, c. 31, § 57-58 (BA 8, 106-108).

27　　　Tertia ratio est quod huiusmodi exemplar, cum sit intentio et species sensibilis rei abstracta a phantasmate, similitudinem habet cum falso sicut cum vero [1], ita quod, quantum est ex parte sua internosci non potest; per easdem enim imagines sensibilium in somno et in furore iudicamus imagines esse res ipsas, W45 et in vigilia sani iudicamus de ipsis | rebus. Veritas autem sincera non percipitur nisi discernendo eam a falso. Igitur per tale exemplar impossibile est certam haberi scientiam et certam notitiam veritatis. Et ideo si debeat certa scientia haberi veritatis, oportet mentem avertere a sensibus et sensibilibus et ab omni intentione quantumcumque universali et abstracta a sensibilibus ad incommutabilem veritatem supra mentem existentem, *« quae non habet imaginem falsi a qua discerni non possit »* [2], ut dicit Augustinus *83 Quaestionum* q. [e] 9 [a], ubi pertractat istam rationem.

28　　　| Sic ergo patet quod duplex est veritas et duplex modus B5vF sciendi veritatem, quos innuit Augustinus retractans illud quod dixit I [o] *Soliloquiorum : « Deus qui nisi mundos, verum scire voluisti »* [3], dicens : *« Potest responderi multos etiam immundos multa scire vera, neque enim definitum est hic*

La *troisième raison* est qu'un tel modèle étant une intention 27
et une espèce sensible de la chose abstraite d'une image, il
possède une similitude avec le vrai comme le faux [1], de telle
sorte qu'ils ne peuvent être discernés pour ce qui le concerne :
c'est en effet par les mêmes images des choses sensibles que
dans le sommeil ou le délire nous jugeons que de telles images
sont les choses mêmes, alors qu'éveillés et sains d'esprit
nous portons un jugement sur les | choses mêmes. Or la vérité **W45**
authentique n'est perçue qu'en la discernant du faux. Par
conséquent, avec un tel modèle il est impossible de posséder
une science certaine et une connaissance certaine de la vérité.
Et c'est pourquoi, si nous devons posséder une science certaine
de la vérité, il est nécessaire de détourner l'esprit des sens et des
sensibles et de toute intention, aussi universelle et abstraite des
sensibles soit-elle, <pour se tourner> vers la vérité immuable
qui existe au-dessus de l'esprit, «qui ne possède pas d'image
du faux dont on ne puisse la discerner» [2], ainsi que le dit
Augustin, *83 questions*, q. 9, où il discute de ce raisonnement.

<La double vérité, par le modèle créé et le modèle incréé>

| C'est ainsi qu'il apparaît qu'il y a une double vérité et une 28
double manière de savoir la vérité. C'est ce que nous indique **B5vF**
Augustin lorsque, en se rétractant sur ce qu'il avait dit dans le
premier livre des *Soliloques* : «Dieu qui n'avez voulu faire
savoir la vérité qu'aux cœurs purs» [3], il affirme : «on peut
répondre que beaucoup de gens qui n'ont pas le cœur pur
savent beaucoup de vérités ; et je ne définis pas ici quel est le

---

1. *Cf.* Aristote, *Sur le sommeil et la veille*, c. 3, 462b 19-20.
2. Augustin, *Quatre-vingt-trois questions diverses*, q. 9 (BA 10, 58-60).
3. Augustin, *Soliloques*, I, c. 2 (BA 5, 26). Badius aussi bien que Wilson
donnent «voluisti», le sens ainsi que le texte de la Bibliothèque Augustinienne
imposent «noluisti».

quid sit verum, quod nisi mundi scire possunt et quid sit scire»[1] Patet etiam quod certam scientiam et infallibilem veritatem, si contingat hominem cognoscere, hoc non contingit ei aspiciendo ad exemplar abstractum a re per sensus quantumcumque sit depuratum et universale factum

29   Propter quod primi Academici sententiam Platonis imitantes – «*idem quippe sunt Academici qui Platonici*»[2], ut dicit Augustinus in *Epistola ad Dioscorum* – negabant aliquid W46 sciri omnino | contra Stoicos, qui solum ponebant sensibilia in mundo, et hoc intelligendo de notitia veritatis sincerae, ponendo omnem notitiam veritatis sincerae de quacumque re B5vG haberi non posse nisi aspiciendo ad exemplar secundum. | Qui tamen bene discernebant quod aliqualis notitia veritatis posset percipi per sensus et mediantibus sensibus per intellectum, quam tamen putabant non mereri dici scientiam, secundum quod dicit Augustinus III° *De Academicis:* «*Sunt qui omnia ista quae corporis sensus* attingit *opinionem posse gignere confitentur, scientiam vero negant, quam volunt intelligentia contineri remotamque a sensibus in mente vivere*»[3].

genre de vérité que les cœurs purs peuvent seuls connaître ; je ne définis pas non plus ce que c'est que savoir. »[1] Et il est clair par ailleurs que s'il est possible à l'homme de connaître une science certaine et une vérité infaillible, il ne le peut en portant son regard sur le modèle abstrait de la chose par le sens, aussi épuré ce modèle soit-il, et aussi universel soit-il produit.

<L'histoire de la doctrine des Académiciens>

Partant de là, les premiers Académiciens, imitateurs des 29 propos de Platon – « les Académiciens et les Platoniciens sont en fait les mêmes »[2], ainsi que le dit Augustin dans sa lettre à Dioscore – s'opposant aux Stoïciens qui posaient qu'il n'y avait que des sensibles dans le monde, nièrent que quoi que ce soit pût être su absolument, | ne pensant qu'à la connaissance **W46** de la vérité authentique, c'est-à-dire posant que toute connaissance de la vérité authentique d'une chose quelconque ne pouvait être obtenue qu'en portant son regard sur le second modèle <ou modèle incréé>. | Certes, ils s'apercevaient bien **B5vG** qu'une certaine connaissance de la vérité pouvait être perçue par les sens, et par l'intellect par le moyen des sens, mais ils pensaient qu'elle ne méritait pas le nom de science, ainsi que l'explique Augustin au livre III *Des Académiciens* : « Il y en a, en effet, qui avouent que tout ce que les sens corporels atteignent peut produire de l'opinion, mais non de la science ; celle-ci cependant, ils veulent qu'elle soit contenue dans l'intelligence et qu'elle vive dans l'esprit, à l'écart des sens. »[3]

1. Augustin, *Rétractations*, I, c. 4, § 2 (BA 12, 290).
2. Augustin, *Lettre*, 118, 16.
3. Augustin, *Contre les Académiciens*, III, c. 11, § 26 (BA 4, 164).

« *Cum* enim », ut dicit in libro II°, « eis *nihil turpius* visum est *quam opinari* et *nihil percipi posse* concluserunt, *ut nihil sapiens umquam upprobaret* », sed id quod probabile et verisimile appareret sequeretur[1]. Unde non distinxerunt de certa notitia qua percipitur id quod verum est in re, sive per sensum sive per intellectum, a notitia qua scitur veritas ipsius rei, neque etiam de hac distinxerunt quod quaedam est veritatis notitia liquida et sincera, alia vero phantastica per phantasmata et imagines rerum obumbrata, sed, ut videbatur ex eorum verbis, simpliciter aliquid sciri posse negabant.

30   Et ideo posteriores Academici verba positionis illorum tenentes, sed mentem ipsorum ignorantes, omnem scientiam et veritatis perceptionem penitus negabant, non solum quoad perceptionem intellectus de notitia quae pertinet ad sapientiam et de rebus pertinentibus ad philosophiam, sed etiam B6r quoad perceptionem | sensus, ut expositum est in quaestione praecedenti. Negabant autem illi primi Academici omnem W47 scientiam et | notitiam veritatis simpliciter quantum ad verba sua, ut veram sententiam Platonis de sincerae veritatis notitia ad tempus opportune occultarent, quam demum tempore B6rH congruo ad hoc | tertium genus Academicorum propalaret, secundum quod dicit Augustinus II° *De Academicis*:

En effet, ainsi qu'il le dit dans le deuxième livre, « comme à leurs yeux il n'y avait rien de plus vil que l'opinion, et qu'ils en avaient déduit que rien ne pouvait être perçu, ils en conclurent que le sage ne devait jamais rien approuver »[1], mais qu'il devait se conformer à ce qui apparaît comme probable et vraisemblable. Ils ne distinguaient donc pas entre la connaissance certaine par laquelle on perçoit ce qui est vrai dans la chose, que ce soit par le sens ou l'intellect, de la connaissance par laquelle on sait la vérité de cette même chose – de même qu'ils ne distinguaient pas la connaissance limpide et authentique, de la connaissance imaginative, obscurcie par les impressions et les images des choses, mais, comme on le voit à leurs propos, ils niaient tout simplement que quoi que ce soit puisse être connu.

Et c'est pourquoi les Académiciens plus tardifs, soutenant 30 la position de leurs prédécesseurs dans la lettre mais en ignorant l'esprit, nièrent radicalement toute science et toute perception de la vérité, non seulement s'agissant de la perception par l'intellect de la connaissance qui appartient à la sagesse, et des choses qui relèvent de la philosophie, mais également s'agissant de la perception | des sens, comme cela a été exposé dans la **B6r** question précédente. Or ces premiers Académiciens niaient explicitement et absolument toute science et | toute connais- **W47** sance de la vérité pour que la vraie doctrine de Platon sur la connaissance de la vérité authentique soit opportunément occultée pour un temps, et pour qu'elle ne soit rendue publique, le temps venu, qu'au | troisième genre des Académiciens, **B6rH** ainsi que le dit Augustin au second livre *Des Académiciens* :

---

1. Augustin, *Contre les Académiciens*, II, c. 5, § 11 (BA 4, 80).

« Hoc *mihi videntur egisse et ad occultandum tardioribus et ad*
significandum vigilantioribus sententiam suam »[1]. « *Certam*
enim habuerunt Academici de veritate scientiam et eam
temere ignotis vel non purgatis animis prodere noluerunt »[2].
« *Quid igitur* », ut dicit libro IIIº, « *placuit tantis viris agere ne*
in quemquam cadere veri scientia videretur? Audite », inquit,
« *iam paululum attentius, non quid sciam, sed quid aestimem.*
Plato vir sapientissimus et eruditissimus temporum suorum
fuit[3], quem certum est *duos sensisse mundos esse: unum*
intelligibilem, in quo veritas ipsa habitat, alterum *autem istum*
sensibilem ad illius imaginem factum; et de illo in eam quae se
cognosceret animam velut exspoliri et quasi serenari verita-
tem, de isto *autem instructorum animis non scientiam, sed*
opinionem, posse generari »[4]. « *Haec et alia huiusmodi viden-*
tur inter eius successores quantum potuerunt esse servata et
W48 *pro mysteriis custodita. Non enim facile ista* | *percipiuntur nisi*
ab eis qui se ab omnibus vitiis mundantes et *in aliam quandam*
plus quam humanam consuetudinem vendicant, graviterque
peccat quisquis ea sciens quoslibet homines docere voluerit.
Quam ob rem cum Zeno, princeps Stoicorum, nec quidquam
esse praeter hunc sensibilem mundum nihilque agi nisi
corpore, nam Deum et ipse ignem putabat, prudentissime
atque utilissime mihi videtur Archesilas, cum illud late

« Ils me semblent avoir agi pour cacher sa doctrine aux esprits médiocres et pour la révéler aux esprits pénétrants. »[1] « Car les Académiciens possédaient une science certaine de la vérité et ils ont voulu éviter de la livrer imprudemment à ceux qu'ils ne connaissaient pas ou dont l'esprit n'avait pas été purifié. »[2] « Comment donc », ainsi qu'il le dit au troisième livre, « des hommes si éminents furent-ils amenés à soutenir que personne ne semblait pouvoir posséder la science du vrai ? Ecoutez », demande-t-il, « maintenant avec un peu plus d'attention non ce que je sais, mais ce que je suppose. Platon, qui fut l'homme le plus sage et le plus savant de son temps »[3], était certain d'« avoir senti l'existence de deux mondes : l'un, intelligible, en lequel, d'après lui, la vérité habite ; l'autre, sensible, fait à son image ; aussi celui-là est-il principe de vérité pure et sereine en l'âme qui se connaît elle-même, tandis que celui-ci peut engendrer en l'âme des insen-sés non la science, mais l'opinion. »[4] « Ces notions et d'autres de même espèce ont été, me semble-t-il, conservées, autant qu'il était possible, par les successeurs de Platon et gardées sous forme de mystères. Car ou bien ces choses ne sont pas faciles | à saisir – sinon par ceux **W48** qui, se purifiant de tous les vices, s'efforcent à un genre de vie plus qu'humaine –, ou bien celui qui connaît ces choses fait une faute grave en voulant les enseigner à n'importe qui. C'est pourquoi lorsque Zénon, chef des Stoïciens, pensait qu'en dehors du monde sensible il n'y a rien et que rien ne s'y fait que par le corps, car Dieu lui-même serait le feu, Arcésilas a agi, à mon sens, très prudemment et très utilement, lorsqu'il vit le

1. Augustin, *Contre les Académiciens*, II, c. 10, § 24 (BA 4, 100).

2. Augustin, *Contre les Académiciens*, II, c. 13, § 29 (BA 4, 110).

3. Augustin, *Contre les Académiciens*, III, c. 17, § 37 (BA 4, 188).

4. Augustin, *Contre les Académiciens*, III, c. 17, § 37 (BA 4, 188); cf. *Rétractations*, I, c. 3, § 2 (BA 12, 284-286).

serperet malum, occultasse penitus Academiae sententiam et
quasi aurum inveniendum posteris obruisse. Quare cum in
falsas opiniones ruere sit turba paratior *et consuetudine*
corporum omnia esse corporea facillime, sed noxie, credan-
tur, instituit vir acutissimus dedocere potius quos patiebatur
male doctos, quam docere quos dociles non arbitrabatur»[1].

31   «*Cum* enim», ut dicit in *Epistola ad Dioscorum,*
«*Epicurei numquam falli corporis sensus dicerent, Stoici*
autem falli aliquando concederent, utrique tamen regulam
comprehendendae veritatis in sensibus ponerent, quis istis
contradicentibus audiret Platonicos, si ab eis diceretur non
solum esse aliquid quod neque tactu corporis neque olfactu
neque gustu vel auribus aut oculis percipi possit, neque aliqua
imaginatione cogitari, sed id solum vere esse atque id solum
percipi posse quod incommutabile et sempiternum est, percipi
autem sola intelligentia, qua veritas, quomodo attingi potest,
attingatur? Cum ergo talia sentirent Platonici quae neque
W49 *docerent carni deditos | homines, neque tanta essent auctori-*
tate apud populos ut credenda persuaderent donec ad eum

mal gagner insensiblement beaucoup de terrain, en cachant tout à fait le sentiment de l'Académie et en l'enfouissant comme de l'or qu'un jour découvriraient ses successeurs. Aussi, comme la foule est prompte à se jeter dans les fausses opinions et que l'habitude des choses corporelles amène à croire sans peine, mais non sans péril, que tout est corporel, cet homme si pénétrant décida de désinstruire ceux qu'il pensait mal instruits, plutôt que d'instruire ceux qu'il ne jugeait pas susceptibles de l'être. »[1]

Ainsi qu'il le dit dans la lettre à Dioscore, tandis que « les épicuriens soutenaient que les sens ne se trompent jamais, les stoïciens accordaient que les sens se trompent quelquefois, mais les uns et les autres plaçaient dans les sens la règle qui mène à la compréhension de la vérité : qui donc eût écouté les platoniciens en opposition avec ces deux écoles ? Qui les aurait mis, non pas au rang des sages, mais même au rang des hommes, s'ils avaient osé dire non seulement qu'il existe quelque chose qui ne peut se percevoir ni par le toucher, ni par l'odorat, ni par le goût, ni par les oreilles, ni par les yeux, et dont nous ne saurions nous retracer des images ; mais encore que cet invisible est le seul être véritable, le seul qui se puisse concevoir, parce qu'il est immuable et éternel, et qu'il se perçoit uniquement par l'intelligence, qui seule atteint la vérité, autant qu'elle puisse l'être ? Les platoniciens se trouvaient ainsi attachés à un ordre d'idées qu'ils ne pouvaient ni enseigner à des hommes | livrés à la chair, ni imposer à la foi des peuples faute d'autorité. En attendant que l'esprit

---

1. Augustin, *Contre les Académiciens*, III, c. 17, § 38 (BA 4, 190).

habitum perduceretur animus quo ista capiuntur, elegerunt occultare sententiam suam, et contra eos disserere qui verum se invenisse iactarent, cum inventionem ipsam veri in carnis sensibus ponerent »[1].

32   « *Inde* », ut ait III° *De Academicis* cap.° 29°, « *omnia illa nata sunt quae novae Academiae attribuuntur* »[2]. Novi enim Academici illud mysterium non scientes dixerunt Academicos veteres penitus negasse scientiam, et sic eos crudeliter infamarunt quibus posteriores fortiter restiterunt. « *Nam Carnaides primo illam calumniandi impudentiam qua videbat Archesilam non mediocriter diffamatum deposuit, et ob hoc dicitur Carnaides tertiae Academiae princeps atque auctor fuisse. Deinde ultimo Antiochus, Philonis auditor, iam velut aperire cedentibus hostibus portas coeperat, et ad Platonis auctoritatem legesque Academiam revocare, quamquam et Metrodorus id antea facere temptaverat, qui primus dicitur* W50 *esse confessus non directo placuisse Academicis nihil* | *posse comprehendi, sed necessario contra Stoicos huiusmodi arma eos sumpsisse. Post illa* autem *tempora omni pervicacia pertinaciaque demortua os illud Platonis, quod in philosophia purgatissimum est et lucidissimum, dimotis nubibus erroris emicuit maxime in Plotino, ut in hoc revixisse putandus sit* »[3].

fût disposé à le comprendre, ils aimèrent mieux cacher leurs propres sentiments et attaquer ceux qui se vantaient de la découverte de la vérité après l'avoir soumise aux sens. »[1]

« C'est de là », ainsi qu'il le dit au livre III *Des* 32 *Académiciens*, chapitre 29, « que proviennent toutes ces thèses qu'on attribue à la nouvelle Académie. »[2] Car les nouveaux Académiciens, ignorants de ce mystère, dirent que les anciens Académiciens avaient nié fondamentalement la science, et ainsi ils portèrent durement atteinte à la réputation de ceux dont les successeurs dépendaient largement. « Car c'est Carnéade qui le premier abandonna cette sorte d'impudente calomnie dont il voyait Arcélisas gravement diffamé, et c'est pour cela que Carnéade passe pour le chef et le promoteur de la troisième Académie. Ensuite, à la fin, Antochius, disciple de Philon, avait en quelque sorte déjà commencé à ouvrir les portes à ses ennemis battus et à ramener l'Académie et ses lois sous l'autorité de Platon – bien que Métrodore aussi eût tenté auparavant de le faire : il fut le premier, dit-on, à avouer que ce ne fut pas expressément l'avis des Académiciens que l'on ne pût rien | percevoir de certain, mais qu'ils avaient dû nécessai- **W50** rement prendre des armes de ce genre contre les Stoïciens. Et ce fut après cette époque que, toute obstination et toute opiniâtreté ayant pris fin, la doctrine de Platon, la plus pure et la plus lumineuse qui soit dans la philosophie, chassa les ténèbres de l'erreur et brilla principalement chez Plotin – au point de croire que Platon aurait revécu en Plotin. »[3]

---

1. Augustin, *Lettre* 118, 19-20.

2. Augustin, *Contre les Académiciens*, III, c. 17, § 38 (BA 4, 192).

3. Augustin, *Contre les Académiciens*, III, c. 17-18, § 39-41 (BA 4, 192-196).

33   Sincera igitur veritas, ut dictum est, non nisi ad exemplar aeternum conspici potest. Sed est advertendum quod sincera veritas scırı potest aspiciendo ad hoc exemplar dupliciter:
B6rI | uno modo aspiciendo ad ipsum tamquam obıectum cogni tum, in ipso scilicet videndo exemplatum, « quia *bene probat imaginem qui intuetur exemplar* »[1], ut dicit Augustinus III° *De Academicis* cap.° 30°; alio modo aspiciendo ad exemplar illud tamquam ad rationem cognoscendi tantum.

34   Primo modo cognoscimus de imagine Herculis quod sit vera imago eius, videndo Herculem, et in hoc advertendo correspondentiam imaginis ad exemplar scimus quod sit vera imago eius. Hoc modo veritas cuiuslibet rei factae ad exemplar perfectissime cognoscitur viso suo exemplari. Et ideo cum omnis creatura sit imago quaedam divini exemplaris, verissime et perfectissime cognoscitur veritas cuiuslibet creaturae in eo quidquid est, videndo nudam divinam essentiam, secundum
W51 quod dicit Augustinus XI° *De civitate Dei*, « *Ipsi* | *sancti angeli per ipsam praesentiam incommutabilis veritatis ipsam creaturam melius ibi tamquam in arte qua facta est quam in ea ipsa sciunt* »[2]. Unde quia non solum imago nata est cognosci per exemplar a priori, sed etiam e converso exemplar per imaginem

<Les deux modes de connaissance du modèle incréé>

La vérité authentique, ainsi qu'il a été dit, ne peut donc être 33
contemplée que d'après le modèle éternel. Toutefois, il faut
noter que la vérité authentique peut être sue en portant son
regard sur ce modèle de deux façons : | *d'une première façon*, **B6rI**
en portant son regard sur lui en tant qu'objet connu, à savoir en
voyant en lui ce qui est exemplifié, car « on peut juger bonne la
copie dès qu'on en voit le modèle »[1], comme le dit Augustin au
livre III *Des Académiciens*, chapitre 30; *d'une deuxième
façon*, en portant son regard sur le modèle comme uniquement
à une raison qui fait connaître (*ratio cognoscendi*).

De la première façon, c'est en voyant Hercule que nous 34
savons, s'agissant de l'image d'Hercule, qu'il s'agit de sa
véritable image, et c'est en remarquant la correspondance de
l'image au modèle que nous savons qu'il s'agit en cela de son
image véritable. Par ce moyen, la vérité de toute chose
produite d'après un modèle est connue parfaitement lorsque
l'on voit son modèle. Et c'est pourquoi, comme toute créature
est une certaine image d'un modèle divin, c'est en voyant
l'essence divine nue qu'est connue très véridiquement et
parfaitement la vérité de toute créature en son essence, d'après
ce que dit Augustin, *La cité de Dieu*, livre XI : | « Les Saints **W51**
Anges, par cette présence même de l'immuable vérité,
connaissent bien mieux cette créature ici, c'est-à-dire dans l'art
par laquelle elle a été faite, qu'en elle-même. »[2] Puisque non
seulement l'image est de nature à être connue par son modèle *a
priori*, mais également, à l'opposé, le modèle par son image

1. Augustin, *Contre les Académiciens*, III, c. 18, § 40 (BA 4, 194).
2. Augustin, *La Cité de Dieu*, XI, c. 29 (BA 35, 124).

a posteriori, ideo Augustinus per creaturas docet cognoscere qualis sit ars divini exemplaris, cum dicit in sermone I° *Super Ioannem*. « *Attendunt homines mirabilem fabricam et* B6v *mirantur consilium fabricantis. Stupent quod vident,* | *et amant quod non vident. Si ergo ex magna aliqua fabrica laudatur hominum consilium, vis videre quale consilium Dei est, id est Verbum Dei? Attende istam fabricam mundi. Vide quae sunt facta per verbum et cognosce quale sit* »[1]. Unde per hunc modum ex aggregata notitia omnium creaturarum tamquam una imagine perfecta divinae artis, quantum perfectior poterit esse in creaturis, posuerunt philosophi perfectam haberi cognitionem Dei, quanta ex puris naturalibus haberi poterit, ut infra videbitur.

35   Ad talem autem cognitionem divini exemplaris homo non potest attingere ex puris naturalibus sine speciali illustratione, nec etiam in vita ista lumine communis gratiae, secundum quod dicit Augustinus in libro *De fide catholica*, loquens ad Deum : « *Tua* », inquit, « *essentia et species potest dici et forma, et est id quod est, reliqua* autem *non sunt id quod sunt. Haec verissime potest dicere "Ego sum qui sum"*[2]. *Haec tanta* W52 *et talis* | *est ut de eius visione "nil in hac vita sibi usurpare mens humana audeat, quod solis electis tuis praemium*

a posteriori, Augustin, pour cette raison, enseigne que c'est par les créatures que l'on connaît en quoi consiste l'art du modèle divin, ainsi qu'il le dit au premier livre *Sur l'évangile de Jean* : « Les hommes portent les regards sur l'œuvre et ils admirent le dessein qui a présidé à cette construction. Ils s'étonnent de ce qu'ils voient, | et ils aiment ce qu'ils ne voient **B6v** pas. Si donc un grand édifice élevé par un homme mérite des louanges, veux-tu voir quel est le dessein de Dieu, c'est-à-dire le Verbe de Dieu ? Regarde l'édifice de ce monde ; vois ce qui a été fait par le Verbe, et connais ce qu'il est. » [1] De sorte que c'est par ce moyen – à partir de l'ensemble de la connaissance de toutes les créatures qui est comme une image parfaite de l'art divin, autant qu'elle puisse être la plus parfaite dans les créatures –, que les philosophes ont posé que l'on possédait la connais-sance parfaite de Dieu, pour autant qu'on puisse la posséder par des moyens purement naturels, comme nous le verrons plus loin.

Cependant, l'homme ne peut accéder à une telle 35 connaissance du modèle divin par ses seuls moyens naturels et sans illumination spéciale, ni non plus dans cette vie par la lumière de la grâce commune, ainsi que le dit Augustin dans le livre de *La foi catholique* en parlant à Dieu : « Ton essence et espèce », dit-il, « peut être également appelée "forme", et elle est ce qu'elle est, tandis que les autres ne sont pas ce qu'elles sont. Elle peut très véritablement exprimer : "Je suis celui qui suis" [2]. Elle est si grande et telle | que "l'esprit humain en cette **W52** vie n'ose prendre lui-même possession en rien de sa vision, et que tu en réserves le prix à ceux-là seuls que tu as élus,

---

1. Augustin, *Homélies sur l'évangile de Jean*, traité 1, § 9 (BA 71, 146).
2. *Ex.* 3, 14.

in subsequenti remuneratione reservas"[1]»[2], secundum quod dicitur super illud : «*Habitat lucem inaccessibilem quam nullus hominum vidit, sed nec videre potest*»[3], scilicet «*in hac vita, post autem videbitur*»[4]. Et quod in hac vita videri non potest, verum est nisi per donum gratiae specialis, qua homo per *raptum* a sensibus *abstrahitur*, quomodo Moyses et Paulus Deum viderunt in *hac vita* per essentiam, ut dicit Augustinus de videndo Deum *Ad Paulinam*[5], et quomodo beatus «*Benedictus sub uno radio vidit totum mundum*»[6], ut dicit Gregorius in IV° *Dialogi*, quia, cum ad ipsius divinae naturae exemplar videndum non potest attingere homo ex puris naturalibus sine speciali divina illustratione, neque ad sciendum aliquam veritatem in creaturis aspiciendo ad ipsam.

36   Si vero sciatur sincera veritas aspiciendo ad divinum exemplar ut ad rationem cognoscendi, hoc modo posuit Plato omnem veritatem cognosci aspiciendo ad exemplar aeternum, secundum quod dicit Augustinus inducens ad hoc auctori-
W53 tatem Tullii in *Epistola ad | Dioscorum* : «*Illud*», inquit, «*attende quoniam Plato a Cicerone multis modis apertissime*

dans la récompense à venir." [1] » [2]. C'est ainsi que sur ce verset :
« Il habite une lumière inaccessible qu'aucun homme ne voit,
mais ni non plus ne peut voir » [3], il est ajouté : « dans cette
vie, mais il sera vu ensuite. » [4] Et il est vrai que dans cette vie,
il ne peut être vu que par un don de grâce spéciale, par lequel
l'homme est dégagé des sens par un ravissement, de la façon
dont Moïse et Paul ont dans cette vie vu Dieu par son essence,
ainsi que le dit Augustin à Paulin dans *La vision de Dieu*[5], et
de la façon que le bienheureux « Benoît a vu la totalité du
monde dans un seul rayon » [6], ainsi que le dit Grégoire dans le
quatrième *Dialogue*. Car puisque par les seuls moyens
naturels et sans illumination divine spéciale l'homme ne peut
atteindre à la vision du modèle de l'essence divine même, il ne
peut non plus porter un regard sur elle pour atteindre le savoir
d'une vérité sur les créatures.

<*De la deuxième façon, cf. n. 33*>. Mais lorsque la vérité 36
authentique est connue en portant son regard sur le modèle
divin comme sur une raison qui fait connaître (*ratio cognoscendi*), dans ce cas Platon a posé que toute vérité était connue
en portant son regard sur le modèle éternel, ainsi que le dit
Augustin, suivant l'autorité de Tullius <Cicéron>, dans la
Lettre à | *Dioscore* : « Considérez seulement », dit-il, « que W53
d'après des témoignages très-nombreux et très-évidents de
Cicéron, Platon a établi la fin du bien, les causes des choses

---

1. Grégoire Le Grand, *Morales sur Job*, XIX, préf.

2. Ps.-Augustin, *Miroir* (*Speculum*), c. 28.

3. *I Tim*. VI, 16.

4. *Glose sur la première Epître à Timothée*.

5. *Cf.* Augustin, *Lettre* 147, c. 13, § 31.

6. Grégoire le Grand, *Dialogues*, livre IV, c. 8, trad. fr. P. Antin (éd.
bilingue), Cerf, 1980, vol. 3, p. 42.

ostenditur in sapientia non humana, sed plane divina, unde humana quodammodo attenditur, in illa utique sapientia prorsus immutabili atque eodem modo semper se habente veritatem constituisse et finem boni et causas rerum et ratiocinandi fiduciam. Oppugnatos autem esse nomine Epicureorum et Stoicorum a Platonicis eos qui in corporis vel in animi natura ponerent et finem boni et causas rerum et ratiocinandi fiduciam. Durasse tamen errores, sive de moribus sive de natura rerum sive de ratione investigandae veritatis, usque ad tempora Christiana, quos iam obmutuisse conspicimus. Ex quo intelligitur ipsos quoque Platonicae gentis philosophos, paucis mutatis quae Christiana improbat disciplina, invictissimo uni regi Christo pias cervices oportere submittere, qui iussit et creditum est quod illi vel proferre metuebant» [1].

Hanc igitur sententiam Platonis insecutus est Augustinus, **B6vK** secundum quod dicit in fine *De Academicis* : | « *Nulli dubium est gemino pondere nos impelli ad discendum, auctoritatis atque rationis. Mihi igitur certum est numquam prorsus a Christi auctoritate discedere. Non enim reperio valentiorem. Quod autem subtilissima ratione persequendum est – ita enim iam sum affectus, ut quod sit verum non credendo solum, sed etiam intelligendo apprehendere desiderem –,* **W54** *apud Platonem me interim quod sacris nostris non | repugnat me reperturum esse confido* » [2].

et la certitude du raisonnement, non point dans la sagesse humaine, mais dans la sagesse divine d'où l'homme reçoit sa lumière, dans cette sagesse qui certainement est immuable, et dans cette vérité qui est possédée toujours comme identique; que les platoniciens ont combattu sous les noms d'épicuriens et de stoïciens ceux qui plaçaient dans la nature du corps ou même de l'esprit la fin du bien, les causes des choses et la certitude du raisonnement; que ces erreurs enfin, tant sur les mœurs, sur la nature des choses que sur la forme de la recherche de la vérité, ont duré jusqu'aux temps chrétiens, et que nous constatons à présent qu'elles se sont tues. D'où il faut conclure que les philosophes mêmes de la famille platonicienne doivent, après avoir changé le peu que le christianisme réprouve dans leurs doctrines, baisser pieusement la tête devant le Christ, ce seul roi qui ne puisse être vaincu, qui a commandé et fait croire ce qu'ils n'osaient pas eux-mêmes exprimer tout haut. »[1]

Augustin a poursuivi cette interprétation de Platon, ainsi qu'il le dit à la fin *Des Académiciens* : | « Or il ne fait pas de **B6vK** doute que nous sommes amenés à la science sous la double pression de l'autorité et de la raison. Aussi est-ce pour moi une certitude que je ne m'écarterai absolument sur aucun point de l'autorité du Christ, car je n'en trouve pas qui ait plus de poids. Quant à ce dont l'étude requiert des arguments subtils – car je suis désormais en des sentiments tels que je désire saisir la vérité, non seulement par la foi, mais encore par l'intelligence –, j'ai confiance de pouvoir trouver, pour le moment, chez les platoniciens des doctrines qui ne | répugnent **W54** pas à nos mystères. »[2]

1. Augustin, *Lettre* 118, 20-21.
2. Augustin, *Contre les Académiciens*, III, c. 20, § 43 (BA 4, 200).

37   Et est sententia quam in omnibus libris suis tenet, quam et cum ipso teneamus, dicendo quod nulla certa et infallibilis notitia veritatis sincera a quoquam potest haberi nisi aspiciendo ad exemplar lucis et veritatis increatae. Unde illi soli certam veritatem valent agnoscere qui eam in illo exemplari valent inspicere, quod «*non omnes valent*»[1], ut dicit VIII° *De Trinitate*, sed «*pauci* acie *ingenii*»[2] transmutabilia omnia valentes transcendere et regulis immutabilibus de mutabilibus iudicare, «*de* quibus *nullus iudicat*, et *sine* quibus nullus certe iudicat»[3], ut dicit in II° *De libero arbitrio,* cap.° 6°. Hinc dicit VIII° *De Trinitate*: «Formas *rerum corporalium per sensus haustas et quodammodo infusas memoriae, ex quibus etiam ea quae non sunt visa ficto phantasmate cogitantur, sive aliter quam sunt sive fortuito* quomodo *sunt, aliis omnino regulis super mentem nostram immutabiliter manentibus vel appro-*

W55 *bare apud nosmet ipsos vel improbare* | *convincimur cum recte aliquid approbamus aut improbamus*»[4]. Et ibidem: «*Cum arcum pulchrum et aequaliter intortum quem vidi Carthagini animo revolvo, res quaedam menti nuntiata per oculos memoriaeque transfusa imaginum aspectum facit,*

Et c'est une thèse qu'il soutient dans tous ses livres, et que 37 nous soutenons avec lui, que la connaissance certaine et infaillible de la vérité authentique ne peut être obtenue par rien d'autre qu'une vision du modèle de la lumière et de la vérité incréées. C'est pourquoi, seuls sont capables de reconnaître la vérité certaine, ceux qui sont capables de la percevoir dans ce modèle, chose dont «tous ne sont pas capables»[1], ainsi qu'il le dit en *La Trinité*, VIII, car seulement «quelques-uns, par l'acuité de l'intelligence»[2], sont capables de transcender toutes les choses muables et de juger des choses muables par des règles immuables, «au sujet desquelles personne ne juge, et sans lesquelles personne ne juge avec certitude»[3], ainsi qu'il le dit au livre II *Du libre arbitre*, chapitre 6. De là qu'il affirme dans *La Trinité*, VIII : «Lorsqu'à partir de formes des choses corporelles, puisées par les sens et comme versées dans la mémoire, nous formons, même de choses que nous n'avons pas vues, des représentations imaginaires (que ces représentations soient autres ou, par pur hasard, telles que la réalité), c'est encore d'après des règles tout autres, règles immuables qui transcendent notre esprit, que nous prononçons sur ces représentations un jugement d'approbation ou de désapprobation, quand nous les | approuvons ou les désapprouvons selon la **W55** droite raison.»[4] Et au même endroit : «De même que je me rappelle un arc de courbe exacte et belle, que j'ai vu à Carthage, l'objet matériel, rapporté par le message des yeux, passé dans la mémoire, suscite une représentation imaginaire.

1. Augustin, *La Trinité*, VIII, c. 6, § 9 (BA 16, 54).
2. *Cf.* Augustin, *La Trinité*, XIII, c. 9, § 12 (BA 16, 298).
3. Augustin, *Le Libre Arbitre*, II, c. 14, § 38 (BA 6, 346).
4. Augustin, *La Trinité*, IX, c. 6, § 10 (BA 16, 92).

sed aliud mente conspicio, secundum quod mihi opus illud
placet. Unde etsi displiceret, corrigerem. Itaque de istis
secundum illud iudicamus et cernimus rationalis mentis
intuitu. Ista autem *praesentia corporis tangimus, aut imagines*
absentium fixas in memoria recordamur aut eorum similium
talia fingimus, aliter figurantes animo imagines corporum aut
per corpus corporalia videntes, aliter autem rationes artem-
que ineffabiliter pulchram talium figurarum super aciem
mentis simplici intelligentia capientes. In illa ergo arte in *qua*
temporalia facta sunt omnia, formam secundum quam sumus,
et secundum quam vel in nobis vel in corporibus vera et recta
B7r *ratione aliquid |* operatur, *visu mentis aspicimus, atque inde*
conceptam rerum veracem notitiam tamquam verbum apud
nos habemus, et dicendo intus gignimus »[1]. Et hoc non solum
de huiusmodi rebus corporalibus, sed etiam de incorporalibus,
secundum quod dicit in *Epistola* quadam *ad Nebridium*:
«*Veniat in mentem illud quod "intelligere" appellamus*
duobus modis in nobis fieri, aut ipsa per se mente atque ratione
intrinsecus, aut admonitione a sensibus. In quibus duobus
illud primum, id est de eo quod apud nos est, Deum consulen-
dum; hoc autem secundum, de eo quod a corpore sensuque
W56 | *nuntiatur, nihilominus Deum consulendum intelligimus* »[2].

Mais, ce que je vois par l'esprit et d'après quoi j'approuve sa beauté, c'est tout autre chose : car je le corrigerais, s'il me déplaisait. Ainsi, même pour les choses corporelles, nous jugeons d'après la vérité éternelle que perçoit le regard de l'âme raisonnable. Les choses elles-mêmes, présentes, nous les touchons par les sens ; absentes, nous rappelons leurs images conservées dans la mémoire ou, d'après leur ressemblance, nous en imaginons de nouvelles. Mais autre est l'imagination des corps par l'âme, ou la vision corporelle des choses corporelles, autre l'appréhension par la pure intelligence, au-dessus de l'œil de l'esprit, des lois et de la raison ineffable de leur beauté. Car dans cet art, d'après lequel ont été créées toutes les choses du temps, nous voyons, avec le regard de l'âme, la forme qui sert de modèle à notre être, qui sert de modèle à ce que nous faisons, en nous ou dans les corps, quand nous agissons selon la vraie et droite raison | : grâce à elle, nous **B7r** avons en nous la vraie connaissance des choses qui en est comme le verbe, par nous engendré dans une diction intérieure. »[1] Et de la sorte il ne s'agit pas seulement des choses corporelles, mais aussi des incorporelles, ainsi qu'il le dit dans une lettre à Nébridius : « Pour que vienne à l'esprit cela que nous appelons "intelliger", c'est de deux façons que cela se produit en nous : ou bien par soi par l'esprit même, et par une raison intrinsèque, ou bien par un avertissement des sens. Pour le premier des deux modes, à savoir celui qui est auprès de nous, Dieu doit être consulté ; mais pour le second, à savoir celui qui est annoncé par le corps et les sens, | nous **W56** comprenons que Dieu doit tout de même être consulté. »[2]

---

1. Augustin, *La Trinité*, IX, c. 6-7, § 11-12 (BA 16, 96).
2. Augustin, *Lettre* 13, 4.

Et sic de universis quae intelligimus «*intus praesentem ipsi menti consulimus veritatem*»[1], ut dicit in libro *De magistro*. «*De qua micut omne quod rationabili menti lucet*»[2], ut dicit Anselmus, *Proslogion* 14º cap.º Quomodo autem hoc fiat, in quaestione proxima sequenti declarabitur.

38 | Responsio autem huius ad praesens, quae magis ibi
B7rL declarabitur, est quia, ad hoc quod aliqua conceptio in nobis de veritate rei extra vera sit sincera veritate, oportet quod anima, in quantum per eam est informata, sit similis veritati rei extra[3], cum «*veritas* sit quaedam *adaequatio rei et intellectus*»[4]. Quare cum, ut dicit Augustinus IIº *De libero arbitrio*, « anima de se sit *mutabilis* a veritate in falsitatem, et ita quantum est de se non sit veritate cuiusquam rei informata, sed *informabilis*, *nulla autem res se ipsam formare potest, quia nulla res potest dare quod non habet*»[5], oportet ergo quod aliquo alio, sincera veritate, de re informetur. Hoc autem non potest fieri per
W57 exemplar aliquod acceptum | a re ipsa, ut prius ostensum est.

De sorte que pour toutes les réalités que nous intelligeons, « c'est la vérité présente intérieurement à l'esprit lui-même que nous consultons »[1], ainsi qu'il le dit dans le livre *Le maître*. Et « c'est par elle que scintille tout ce qui luit à l'esprit raisonnable »[2], ainsi que le dit Anselme, *Proslogion*, chapitre 14. Mais comment cela se produit, c'est ce que nous verrons dans la question suivante.

<En quoi consiste l'illumination divine>

| Pour y répondre quand même dès à présent (ce sera développé par la suite), nous dirons que pour qu'en nous une conception de la vérité de la chose extérieure soit vraie d'une vérité authentique, il est nécessaire que l'âme, en tant qu'elle en est informée, soit semblable à la vérité de la chose extérieure[3], puisque « la vérité est une certaine adéquation entre la chose et l'intellect. »[4] C'est pourquoi, comme le dit Augustin dans *Le libre arbitre*, livre II, l'âme peut d'elle-même passer de la vérité à la fausseté, et ainsi, pour ce qui est d'elle-même, elle n'est pas informée par la vérité d'une chose, mais elle est informable. Or « aucune chose formable ne peut se former elle-même, car aucune chose ne peut donner ce qu'elle n'a pas »[5]. Par conséquent, il est nécessaire qu'elle soit informée au sujet de la chose, selon la vérité authentique, par quelque chose d'autre. Or cela ne peut se produire par un quelconque modèle reçu | de la chose même, comme nous l'avons déjà montré. **W57**

38

B7rL

---

1. Augustin, *Le Maître*, c. 11, § 38 (BA 6, 136).
2. Anselme, *Proslogion*, c. 14.
3. Augustin, *Le Libre Arbitre*, II, c. 12, § 34 (BA 6, 336-338).
4. *Cf.* Thomas d'Aquin, *Quest. disput. sur la vérité*, q. 1, a. 1.
5. Augustin, *Le Libre Arbitre*, II, c. 17, § 45 (BA 6, 358).

Necesse est ergo quod ab exemplari incommutabilis veritatis formetur[1], ut vult Augustinus ibidem. Et ideo dicit libro *De vera religione*: «*Sicut eius veritate vera sunt quaecumque vera sunt, ita* et eius *similitudine similia sunt*»[2]. Necesse est ergo quod illa veritas increata in conceptu nostro se imprimat, et ad characterem suum conceptum nostrum transformet, et sic mentem nostram expressa veritate de re informet similitudine illa quam res ipsa habet apud primam veritatem, secundum quod dicit XI° *De Trinitate*: «*Ea quippe de illa prorsus exprimitur, inter quam et ipsam nulla natura interiecta est*»[3].

39   Et quomodo sit ista expressio, declarat per simile, cum dicit XIV° *De Trinitate*: «*Ubi sunt illae regulae scriptae* quibus *quid sit iustum*, quid *iniustum agnoscitur, nisi in libro lucis illius quae veritas dicitur, unde lex omnis iusta describitur et in cor hominis non migrando, sed tamquam imprimendo transfertur, sicut imago ex anulo et in ceram transit et anulum non relinquit?*»[4] Et haec est lucis illius informatio

W58 qua, in quantum lucet, homo verax fit in | intellectu; in quantum vero contingit, iustus fit in affectu. Secundum quod de primo dicit Augustinus *Super Ioannem*, sermone 39°: «*Factus est oculus tuus particeps huius lucis. Clausus est?*

Par conséquent, il est nécessaire qu'elle soit formée par le modèle de la vérité immuable, comme l'affirme Augustin au même endroit[1]. Et c'est pourquoi il dit dans le livre *La vraie religion* : «De même que c'est par sa vérité que toutes les choses vraies sont vraies, de même c'est par sa similitude qu'elles sont semblables. »[2] Il est donc nécessaire que cette vérité incréée s'imprime dans notre concept, et qu'elle transforme notre concept à son image, et qu'ainsi elle informe notre esprit, par une vérité exprimée de la chose, en vertu de cette similitude que la chose même possède auprès de la première vérité, ainsi qu'il le dit au livre XI de *La Trinité* : « l'expression est la plus parfaite lorsqu'aucune nature ne s'interpose. »[3]

En quoi consiste cette expression, c'est ce qu'il montre par 39 un exemple au livre XIV de *La Trinité* : «Où donc ces règles sont-elles inscrites? où l'âme, même injuste, reconnaît-elle ce qui est juste? sinon dans le livre de cette lumière qu'on appelle la Vérité? C'est là qu'est écrite toute loi juste, c'est de là qu'elle passe dans le cœur de l'homme, non qu'elle émigre en lui, mais elle y pose son empreinte, à la manière d'un sceau qui d'une bague passe à la cire, mais sans quitter la bague. »[4] Il s'agit là de l'information de cette lumière par laquelle, 1) en tant qu'elle luit, un homme devient véridique | dans son **W58** intellect, et 2) en tant qu'elle l'atteint, elle le rend juste dans ses affects. C'est au sujet du *premier <point>* (1) qu'Augustin dit dans le sermon 39 *Sur l'évangile de Jean* : «Cette lumière s'est communiquée à ton œil, et il voit. Se ferme-t-il?

1. *Cf.* Augustin, *Le Libre Arbitre*, II, c. 16-17, § 44-45 (BA 6, 358-360).
2. Augustin, *La vraie religion*, c. 36, § 66 (BA 8, 120).
3. Augustin, *La Trinité*, XI, c. 5, § 8 (BA 16, 184).
4. Augustin, *La Trinité*, XIV, c. 15, § 21 (BA 16, 402).

Hanc lucem non minuisti. Apertus est? Hanc lucem non auxisti, sed *est verax anima, est veritas apud Deum, cuius est particeps anima. Cuius particeps si non fuerit anima, omnis homo mendax* est»[1]. De secundo vero dicit in *Sermone* quodam de expositione Sacrae Scripturae : «*In Deo*», inquit, «*omne quod dicitur id ipsum est; neque enim in Deo aliud est potestas, aliud prudentia, aliud fortitudo, aliud iustitia, aliud castitas, quia haec animarum sunt, quas illa lux perfundit quodammodo et suis qualitatibus afficit, quomodo cum oritur ista lux visibilis, si auferatur, unus est corporibus omnibus color, qui potius dicendus est nullus color; cum autem illata illustraverit corpora, quamvis ipsa unius modi sit, pro diversis tamen corporum qualitatibus diverso ea nitore aspergit; ergo animarum sunt illae affectiones quae bene sunt affectae ab illa luce quae non afficitur et formatae ab illa quae non formatur*»[2].

40   Perfecta igitur, ut dictum est, informatio veritatis non habetur nisi ex similitudine veritatis menti impressae de re cognoscibili ab ipsa prima et exemplari veritate. Omnis enim alia impressa, a quocumque exemplari abstracto a re ipsa, imperfecta obscura et nebulosa est, ut per ipsam certum iudicium **W59** de veritate rei haberi non | possit. Propter quod Augustinus

L'intensité des rayons lumineux n'est en rien diminuée. S'ouvre-t-il ? Leur éclat n'en est nullement augmenté, mais elle est âme véridique, elle est cette vérité auprès de Dieu dont l'âme participe. Quand son âme ne participe pas de la vérité, tout homme est menteur. »[1] Et c'est au sujet du *second <point>* (2) qu'il parle ainsi dans un certain sermon d'exposition de l'Écriture Sainte : « Tout ce qui est dit de Dieu Lui est identique ; car en Dieu on ne peut pas dire qu'une chose est la puissance tandis qu'une autre la prudence, une chose le courage et une autre la justice ou une autre la pureté, car elles appartiennent aux âmes dans lesquelles cette lumière en quelque sorte pénètre et les affecte en fonction de leurs qualités. De même, lorsque la lumière visible illumine, si elle est écartée alors il y a une seule couleur pour tous les corps, qu'il faudrait bien plutôt appeler absence de couleur ; mais lorsque la lumière tombe et éclaire les corps, bien qu'elle soit d'une seule nature, elle les colore de diverses façons, en fonction des différentes qualités des corps. C'est ainsi que les âmes reçoivent ces affections qui sont induites par cette lumière qui n'est pas affectée, et qui sont formées par elle, qui n'est pas formée. »[2]

Ainsi, comme il a été dit, on ne peut avoir de parfaite 40 information de la vérité qu'en vertu d'une similitude de la vérité de la chose connaissable, imprimée à l'esprit, par cette première et exemplaire vérité elle-même. Car toute autre similitude imprimée, obtenue d'un quelconque modèle abstrait de la chose même, est imparfaite, obscure et brouillée, de sorte qu'on ne peut obtenir par elle de jugement certain sur la vérité de la chose. | C'est la raison pour laquelle Augustin **W59**

1. Augustin, *Homélies sur l'Evangile de Jean*, traité 39, § 8 (BA 73A, 294).
2. Augustin, *Sermon* 341, c. 6, § 8.

comparat primam et iudicium per eam sereno aeri super
nubem, secundam vero et iudicium per eam aeri nebuloso
vel obscuro sub nube, cum dicit IX° *De Trinitate* cap.° 6°:
«*Claret desuper iudicium veritatis ac sui iuris incorruptis-
simis regulis firmum est, etsi corporalium imaginum quasi
quodam nubilo subtexitur. Sed interest utrum ego sub illa vel
in illa caligine tamquam a caelo perspicuo secludar an sicut in
altissimis montium accidere solet, et inter utrumque aere
libero fruens et serenissimam lucem supra et densissimas
nebulas subtus aspiciam*»[1].

41   Et est sciendum quod dictus modus cognoscendi
veritatem communis est et ad notitiam principiorum, ut supra
in argumento tertio huius quaestionis, et ad notitiam conclusionum, ut patet in omnibus iam inductis. Et ita per hunc
modum acquirendi notitiam veritatis verarum artium habitus
in nobis generantur, qui in memoria reconduntur, ut ex eis
iterato conceptus similes formemus, et quoad habitus, tam
principiorum quam conclusionum, ut secundum hoc intelliga-
B7v mus illud Augustini IX° *De Trinitate*: «*In illa | aeterna
veritate visa mentis conspicimus, atque inde conceptam veracem notitiam rerum tamquam verbum apud nos habemus*»[2],
quod in habitu memoriae concipitur, ut ad illam intelligentia
revertens iterato verbum formet, et hoc per certam scientiam

compare la première <impression ou similitude> et le jugement qu'elle produit à l'air serein au-dessus des nuages, et la seconde et le jugement qu'elle produit à l'air brouillé ou obscur sous les nuages, ainsi qu'il le dit en *La Trinité*, IX, chapitre 6 : « Ce jugement de vérité brille au-dessus. Des règles, de soi incorruptibles, lui donnent sa fermeté, même s'il est voilé d'un nuage d'images matérielles. Mais deux cas sont possibles : je puis être sous ce nuage obscur ou dans ce nuage, isolé ainsi du ciel lumineux ; – ou bien je puis, comme il arrive au sommet des montagnes, me trouver entre les deux, jouissant de l'air pur, contemplant au-dessus de moi la lumière sereine et au-dessous les nuées opaques. »[1]

Il faut savoir par ailleurs qu'un tel mode de connaissance 41 de la vérité est commun aussi bien à la connaissance des principes, comme ci-dessus dans le troisième argument de la présente question [*Cf.* n. 3], qu'à la connaissance des conclusions, comme il est manifeste par tout ce que nous avons déjà montré. Ainsi, par ce mode d'acquisition de la vérité des arts véritables, des habitus sont engendrés en nous, qui sont reconduits dans la mémoire pour que grâce à eux nous formions une nouvelle fois des concepts semblables, et cela vaut aussi bien pour les habitus des principes que ceux des conclusions. Tel est le sens que nous donnons au propos d'Augustin, *La Trinité*, IX : « Dans cette | éternelle vérité, nous percevons ce qui est **B7v** vu par l'esprit, et de là nous avons, auprès de nous comme verbe, la connaissance véridique conçue des choses »[2], <connaissance> qui est conçue dans l'habitus de la mémoire pour que l'intelligence, y retournant, forme une nouvelle fois un verbe, et qu'elle possède ainsi une science certaine,

---

1. Augustin, *La Trinité*, IX, c. 6, § 10-11 (BA 16, 92-94).
2. Augustin, *La Trinité*, IX, c. 7, § 12 (BA 16, 96).

habeat etiam de rebus transmutabilibus, secundum quod
W60 dicit | Augustinus XII° *De Trinitate* cap.° 14°: «*Non solum
rerum sensibilium in loco positarum*» [1], et cetera, ut supra in
quaestione praecedenti in solutione quarti argumenti, ubi
de hoc.

42　　Iste ergo est verior modus acquirendi scientiam et notitiam
veritatis quam ille quem ponit Aristoteles ex sola sensuum
experientia [2], si tamen sic intellexit Aristoteles et in idem cum
Platone non consensit. Immo, quod verius creditur, etsi Platoni
in modo dicendi obviavit, occultando divinam doctrinam
magistri sui, sicut et alii priores Academici, eandem tamen
cum Platone de notitia veritatis habuit sententiam, secundum
quod hoc videtur insinuasse cum loquens de veritatis cognitione dicit in II° *Metaphysicae* quod «*illud quod est maxime
verum sit causa veritatis eorum quae sunt post, et quod ideo
dispositio cuiuslibet rei in esse sit sua dispositio in veritate*» [3].
Propter quod dicit Augustinus in fine *De Academicis*:
«*Quod autem ad eruditionem doctrinamque attinet et
mores quibus consulitur animae, non defuerunt acutissimi ac
solertissimi viri qui docerent disputationibus suis Aristotelem
et Platonem ita sibi concinere ut imperitis minusque*
W61 *attentis dissentire videantur multis | contentionibus. Sed
tamen eliquata est, ut opinor, vera verissimae philosophiae
disciplina. Non enim est ista huius mundi philosophia quam*

même au sujet des choses muables, ainsi que le dit
| Augustin, *La Trinité* XII, chapitre 14 : « Non seulement, à la **W60**
différence des objets sensibles situés dans l'espace ... »[1], etc.,
comme on l'a vu dans la question précédente à la solution du
quatrième argument [*Cf.* q. 1, n. 41].

Il s'agit donc là d'un mode d'acquisition de la science et de 42
la connaissance de la vérité qui est plus vrai que celui qu'a posé
Aristote à partir de la seule expérience des sens[2], si toutefois
c'est bien ainsi que la comprenait Aristote et s'il ne s'accordait
pas là-dessus avec Platon. Mais ce qui, au contraire, est plus
vraisemblable, c'est que même s'il s'opposait à Platon dans les
termes, occultant, comme les autres Académiciens antérieurs,
la doctrine divine de son maître, il soutenait pourtant la même
thèse que Platon sur la connaissance de la vérité, ainsi qu'on le
voit l'insinuer lorsque, parlant de la connaissance de la vérité,
il dit en *Métaphysique* II : « ce qui est vrai au plus haut point est
cause de la vérité des êtres postérieurs, de sorte que la disposition de toute chose dans l'être est sa disposition dans sa
vérité. »[3] C'est pour cela qu'Augustin dit, à la fin *Des
Académiciens* : « Quant à ce qui concerne la science et la
doctrine, ainsi que la morale, qui est la règle de l'âme, il ne
manqua sans doute pas d'hommes pénétrants et habiles pour
montrer, par leurs discussions, qu'Aristote et Platon étaient si
parfaitement d'accord entre eux que seuls les ignorants ou les
distraits pouvaient les juger différents. | Il fallut cependant **W61**
bien des discussions pour que s'élaborât une philosophie
parfaitement vraie ; mais c'est là, je crois, chose faite. Car cette
philosophie n'est pas celle de ce monde, que la <philosophie>

---

1. Augustin, *La Trinité*, XII, c. 14, § 23 (BA 16, 254).
2. *Cf.* Aristote, *Mét.*, A (I), c. 1, 980a 21 – 981a 7.
3. Aristote, *Mét.*, α (II), c. 1, 993b 25-31.

sacra detestantur, sed alterius intelligibilis, cui animas multiformis erroris tenebris caecatas numquam ista ratio subtilissima revocaret, nisi summus Deus populari quadam clementia divini intellectus auctorem *usque ad ipsum corpus humanum declinaret, cuius non solum praeceptis, sed etiam factis* excaecatae *animae redire in semet ipsas etiam sine disputationum concertatione potuissent* »[1], «*cum iam*», ut dicit in *Epistola ad Dioscorum*, «*Christianae aetatis exordio rerum invisibilium atque aeternarum fides per visibilia miracula salubriter praedicaretur hominibus qui nec videre nec cogitare aliquid praeter corpora poterant* »[2].

Hoc ergo modo, qui mente excedente aliquid veritatis sincerae intelligit, in rationibus primae veritatis intelligit. «*Sed*», ut dicit Augustinus *De videndo Deum*, «*forte* hoc *difficile est. Irruit enim de consuetudine carnalis vitae in interiores oculos* nostros *turba phantasmatum* »[3]. «*Quae*», ut dicit III° *De Academicis* cap.° 9°, «*consuetudine rerum corporalium nos etiam cum veritas tenetur et quasi in manibus habetur, decipere atque illudere moliuntur* »[4]. Igitur, ut dicit *De videndo Deum*, «*qui hoc non potest oret et agat ut posse*

sacrée déteste, mais celle du monde intelligible, qui n'aurait jamais ramené les âmes aveuglées par les ténèbres multiformes de l'erreur, si le Dieu souverain, animé de miséricorde pour son peuple, n'avait incliné jusqu'au corps humain l'auteur de la Raison divine, de telle sorte que non seulement par les préceptes, mais aussi les œuvres, les âmes aveuglées pussent, sans disputes ou discussions, rentrer en elles-mêmes. »[1] Et ce fut, ainsi qu'il le dit dans la lettre à Dioscore, « lorsque commença l'âge chrétien et que soutenu par des miracles visibles, on prêcha avec fruit la foi des choses invisibles et éternelles à des hommes qui ne pouvaient rien voir ni rien comprendre en dehors des corps. »[2] Ainsi, celui qui, de cette façon, dépassant l'esprit, intellige une vérité authentique, intellige dans les raisons de la première vérité. « Mais cela », ainsi que le dit Augustin, *La vision de Dieu*, « est assurément difficile. Car par l'habitude de la vie charnelle, la cohue des phantasmes se précipite dans nos yeux intérieurs. »[3] « Ces phantasmes », ainsi qu'il le dit au livre III *Des Académiciens*, chapitre 9, « par le fait de l'habitude où nous sommes des choses corporelles, travaillent à nous tromper et à nous illusionner, même lorsque nous touchons à la vérité et que nous l'avons, pour ainsi dire, entre les mains. »[4] C'est pourquoi, ainsi qu'il le dit dans *La vision de Dieu*, « que celui qui ne peut <comprendre> cela, prie et agisse pour qu'il

1. Augustin, *Contre les Académiciens*, III, c. 19, § 42 (BA 4, 196-198).
2. Augustin, *Lettre* 118, 20.
3. Augustin, *Lettre* 147, 42.
4. Augustin, *Contre les Académiciens*, III, c. 6, § 13 (BA 4, 136).

mereatur, nec ad hominem disputatorem pulset ut quod
non legit legat, sed ad Deum Salvatorem ut quod non valet
valeat » [1].

43 | Ex puris igitur naturalibus exclusa omni divina
B7vM illustratione nullo modo contingit hominem scire liquidam
W62 veritatem. Sed tamen adhuc | restat quaestio utrum ex puris
naturalibus possit scire eam. Si enim homo ex puris naturalibus potest attingere ad illam lucis divinae illustrationem et
per illam scire sinceram veritatem ex puris naturalibus, debet
dici posse scire sinceram veritatem, licet sine illa illustratione
eam scire non possit, sicut si ex puris naturalibus potest
attingere ad prima principia disciplinarum et per illa scire alia
ex puris naturalibus, dicitur scire illa, licet ea non possit scire
sine primis principiis. Quod si ex puris naturalibus non possit
attingere ad illam illustrationem, nec per illam ex puris
naturalibus dicendus est scire liquidam veritatem, ut dictum
est in principio solutionis huius.

44   Nunc autem ita est quod homo ex puris naturalibus
attingere non potest ad regulas lucis aeternae, ut in eis videat
rerum sinceram veritatem. Licet enim pura naturalia

mérite de pouvoir <comprendre>; et qu'on ne le laisse pas faire dispute à un homme pour qu'il lise ce qu'il ne lit pas, mais qu'il ait recours au Dieu Sauveur pour qu'il devienne capable de ce dont il n'est pas capable. »[1]

<L'impossibilité d'une connaissance du modèle incréé par les seuls moyens naturels>

| Ainsi, par les seuls moyens naturels et toute illumination 43 divine étant écartée, il n'est pas possible à l'homme de **B7vM** connaître de vérité limpide. Mais il reste en outre | la question **W62** de savoir s'il peut la connaître par les seuls moyens naturels. En effet, si l'homme, par les seuls moyens naturels, peut accéder à cette illumination de la lumière divine, et par elle savoir, par les seuls moyens naturels, la vérité authentique, il devra alors être reconnu capable de savoir la vérité authentique, bien qu'il ne puisse pas la savoir sans cette illumination – de même que si c'est par les seuls moyens naturels qu'il peut accéder aux premiers principes des sciences, et grâce à eux connaître d'autres choses, il sera alors dit les connaître par les seuls moyens naturels, bien qu'il ne puisse les connaître sans les premiers principes. En revanche, s'il ne peut accéder à cette illumination par les seuls moyens naturels, on ne pourra pas dire que c'est par des moyens purement naturels que, par elle, il possède le savoir de la vérité limpide – ainsi que nous l'avons dit au début de la solution à cette question [*Cf.* n. 8].

Toutefois, il se trouve que l'homme ne peut accéder par les 44 seuls moyens naturels aux règles de la lumière éternelle, de sorte qu'il puisse voir en elles la vérité authentique des choses. En effet, bien que les <puissances> purement naturelles les

---

1. Augustin, *Lettre* 147, 29.

attingunt ad illas, quod bene verum est – sic enim anima
rationalis creata est, ut immediate a prima veritate informetur,
ut iam prius dictum est –, non tamen ipsa naturalia ex se agere
possunt ut attingant illas, sed illas offert Deus quibus vult et
quibus vult subtrahit. Non enim quadam necessitate naturali se
offerunt, ut in illis homo veritatem videat, sicut lux corporalis,
ut in ea videat colores, sicut nec ipsa nuda divina essentia.
Secundum enim quod determinat Augustinus *De videndo
Deum*, « *si vult, videtur; si non vult, non videtur* » [1]. Unde et
W63 regulas aeternas Deus aliquando offert | malis, ut in eis videant
multas veritates quas boni videre non possunt, quia praescien-
tia regularum aeternarum non offertur eis, secundum quod
dicit Augustinus IV° *De Trinitate* cap.° 16° : « Sunt *nonnulli
qui potuerunt aciem mentis ultra omnem creaturam trans-
mittere et lucem incommutabilis veritatis quantulacumque
parte contingere, quod Christianos ex fide sola viventes
nondum potuisse derident* » [2]. Easdem etiam regulas aliquando
eis subtrahit et eos in errorem cadere permittit, secundum quod
super illud *Iob* XXXVIII° , « *Immanibus abscondit lucem* » [3],
B8r dicit Gregorius XXVII° *Moralium* : | « *Immanes sunt qui se
elatis cogitationibus extollunt. Sed his lux absconditur, quia
nimis in cogitationibus suis superbientibus cognitio veritatis*

atteignent, ce qui est vrai assurément – en effet, l'âme rationnelle est créée de sorte à être informée immédiatement par la
première vérité, comme nous l'avons déjà dit – cependant ces
<puissances> purement naturelles ne peuvent agir par elles-
mêmes de sorte à les atteindre, mais Dieu les offre à qui il veut,
et il les retire à qui il veut. Car elles ne s'offrent pas en vertu
d'une quelconque nécessité naturelle pour que l'homme voie
en elles la vérité – comme la lumière corporelle <lui est offerte
naturellement> pour qu'ils voie en elle les couleurs –, ni non
plus <pour qu'il voie en elles> l'essence divine nue. En effet,
ainsi que l'établit Augustin dans *La vision de Dieu*, « s'il
veut, tu le verras ; s'il ne veut pas, tu ne le verras pas »[1]. C'est
pourquoi Dieu offre parfois les règles éternelles <à contem-
pler> aux | mauvais, pour qu'ils voient en elles de nombreuses **W63**
vérités que les bons ne peuvent voir, car [à ces derniers] il ne
leur offre pas la prescience des règles éternelles, ainsi que le dit
Augustin, *La Trinité*, IV, chapitre 16 : « Quelques-uns ont
réussi à élever le regard de l'esprit au-dessus de toute créature
et à atteindre, si peu que ce soit, la lumière de l'immuable
vérité, et comme les chrétiens qui ne vivent que de la foi n'ont
encore pu en faire autant, ils les ridiculisent. »[2] Et il leur retire
parfois les mêmes règles et il permet qu'ils tombent dans
l'erreur, ainsi que Grégoire le dit sur ce verset de Job : « aux
prodigieux il cache la lumière »[3], dans *Les Morales*, XXVII :
| « Prodigieux sont ceux qui, par l'élévation des pensées, **B8r**
s'exaltent. Mais la lumière leur est cachée ; car c'est tout particulièrement dans leurs pensées que la connaissance de la vérité

1. Augustin, *Lettre* 147, 18.
2. Augustin, *La Trinité*, IV, c. 15, § 20 (BA 15, 390).
3. *Job* XXXVI, 32. « *Immanibus abscondit lucem* ». La vulgate dit : « *In manibus abscondit lucem* », il cache la lumière dans ses mains.

denegatur »[1]. Aliis autem omnibus «*pro sua sanitate*»[2] aspiciendum conceditur, ut dicit Augustinus I° *Soliloquiorum*.

45 Absolute ergo dicendum quod homo sinceram veritatem de nulla re habere potest ex puris naturalibus eius notitiam acquirendo, sed solum illustratione luminis divini, ita quod licet in puris naturalibus constitutus illud attingat, tamen ex puris naturalibus naturaliter attingere illud non potest, sed libera voluntate quibus vult se ipsum offert.

<AD ARGUMENTA>

46 | Ad singula argumenta aliquid respondendum est.

W64 | Quod ergo arguitur quod « sufficientia nostra in cogno-
B8rN scendo ex Deo est », dicendum quod verum est tamquam spe-
cialiter illustrante in cognitione sincerae veritatis; in omni
autem alia cognitione cogitationis non nisi sicut ex universali
movente, ut dictum est iam. Et hoc sufficit ad intentionem
Apostoli contra illos qui dicebant quod initium fidei esset ex
nobis, contra quos ibi arguit. Si enim initium cognitionis non
est ex nobis, sed ex Deo, ut ex primo motore in omni actione, et
naturali et cognitiva, multo fortius nec initium fidei. Nec est

est interdite aux orgueilleux. »[1] Tandis qu'à tous les autres, il leur est permis de porter un regard, chacun « selon sa santé »[2], ainsi que le dit Augustin, *Soliloques*, livre I.

Ainsi donc, il faut affirmer absolument que l'homme ne 45 peut obtenir de vérité authentique au sujet d'aucune chose en acquérant cette connaissance par ses seuls moyens naturels, mais seulement par une illumination de la lumière divine, de sorte que, bien qu'il l'atteigne en étant constitué de facultés purement naturelles, il ne peut pourtant l'atteindre par des moyens purement naturels, mais par la volonté libre de celui qui s'offre à ceux qu'il veut.

<RÉPONSE AUX ARGUMENTS>

| Il faut répondre quelque chose aux différents arguments. 46

| Lorsque l'on soutient [*Cf.* n. 1] que « notre capacité à W64 connaître provient de Dieu », il faut dire que cela est vrai en B8rN tant qu'il illumine de façon spéciale pour la connaissance de la vérité authentique ; mais dans toute autre connaissance il n'est rien de plus qu'un moteur universel de la connaissance, ainsi qu'il a déjà été dit [*Cf.* n. 12]. Et cela suffit à rendre compte de l'intention de l'Apôtre contre ceux qui disaient que le commencement de la foi procède de nous, car c'est contre eux qu'ici il argumente. En effet, si le commencement de la connaissance ne procède pas de nous, mais de Dieu, en tant que premier moteur <universel> dans toute action, aussi bien naturelle que cognitive, alors à plus forte raison pour le commencement de la foi. Et il n'est pas non plus dans

1. Grégoire le Grand, *Morales sur Job*, XXVII, c. 13, § 24.
2. Augustin, *Soliloques* I, c. 13, § 23 (BA 5, 70).

intentio Apostoli contra hoc quin initium cognitionis magis
sit ex nobis quam initium fidei, quia fidei initium requirit
specialem illustrationem, non sic autem initium cognitionis,
nisi sit de veritate sincera, ut dictum est.

47 | Ad secundum, quod «nemo potest dicere "Dominus
B8rO Iesus"», etc., dicendum quod verum est verbo perfecto, ad
quod requiritur consessus voluntatis. Perfectum enim verbum
tunc est cum in eo quod mens novit voluntas delectata
conquiescit. Unde dicit Augustinus IX° *De Trinitate* quod
«*verbum* perfectum *est cum amore notitia*»[1]. Unde sicut
voluntas ex propria facultate naturali non potest assurgere in
W65 | bonum sine specialis gratiae adiutorio, sic nec addicere tale
verbum. Nec tamen sequitur quin simplex verbum veritatis
non sincerae poterit dicere sine omni speciali illustratione
Spiritus Sancti. Unde dicit *Glossa* quod Apostolus «*proprie*»
posuit ibi hoc verbum 'dicere', significans «*voluntatem et
intellectum dicentis*»[2], et tale dicere circa ea quae sunt fidei
purae non potest aliquis nisi ex fide. Unde de alio simplici
dicere dicitur *Matthaei* VI°: «*Non omnis qui dicit "Domine,
Domine"*»[3], etc.

l'intention de l'Apôtre, contre cette position, <de soutenir> que le commencement de la connaissance ne procèderait pas davantage de nous que le commencement de la foi, car si le commencement de la foi demande une illumination spéciale, il n'en est pas de même du commencement de la connaissance, à moins qu'il ne s'agisse de <la connaissance de> la vérité authentique, ainsi qu'il a été dit.

| Au second <argument> [*Cf.* n. 2], selon lequel « Nul ne 47 peut dire : "Seigneur Jésus" … », etc., il faut répondre que cela **B8rO** est vrai pour le verbe parfait, qui demande le concours de la volonté. Le verbe parfait en effet est tel que lorsque l'esprit le connaît, la volonté, délectée, repose avec lui. C'est pourquoi Augustin dit que (*La Trinité*, IX) : « le verbe parfait est la connaissance unie à l'amour »[1]. De sorte que, comme la volonté, par sa propre faculté naturelle, ne peut s'élever dans le | bien sans l'aide d'une grâce spéciale, ainsi pas davantage **W65** ne peut-elle approuver un tel verbe <sans une telle aide>. Cependant, il n'en résulte pas que le verbe simple d'une vérité non authentique ne pourrait pas être dit faute d'illumination spéciale de l'Esprit Saint. C'est pourquoi la Glose dit que l'Apôtre a proprement utilisé ici le verbe « dire », signifiant la volonté et l'intellect de celui qui dit[2], et un tel dire portant sur ce qui relève de la foi pure, on ne le peut sans la foi. Et c'est pourquoi sur cet autre dire simple, <à savoir de la vérité non authentique>, Matthieu (VI) affirme : « Ce n'est pas en disant "Seigneur, Seigneur" <qu'on entrera dans le royaume des Cieux> »[3], etc.

---

1. Augustin, *La Trinité*, IX, c. 10, § 15 (BA 16, 102).
2. *Glose sur la première Lettre aux Corinthiens*
3. *Matth.* VII, 21.

48 | Ad tertium, quod « scientiarum spectamina non possunt
B8rP intelligi nisi alio quodam quasi suo sole illustrentur », dicendum quod verum est sincera veritate et omnino infallibili
notitia. Alio tamen modo possunt intelligi in lumine lucis
naturalis, ut dictum est supra. Propter quod dicit Augustinus
XII° *De Trinitate*: «*Credendum est mentis intelligibilis ita
conditam esse naturam ut rebus intelligibilibus naturali
ordine disponente conditore subiecta sic videat ista in quadam
luce sui generis incorporea, quemadmodum oculus carnis
videt quae in hac luce corporea circumiacent, cuius lucis
capax eique congruus est creatus* »[1].

49 | Ad quartum, quod « quidquid anima cogitat aut ratio-
B8rQ cinatur ei luci tribuendum est a qua tangitur », dicendum quod
verum est de eis quae cogitat aut ratiocinatur cognoscendo
liquidam veritatem. Alias autem non oportet, ut dictum est.

50 | Eodem modo dicendum est ad quintum. Vel dicendum
B8rR quod | videre verum in prima veritate potest esse aut sicut in eo
W66 quod est obiectum primo visum aut sicut in eo quod est
ratio videndi tantum, ut in sequenti quaestione declarabitur.
Primo modo omnis veritas videtur in prima veritate,

| Au troisième <argument> [*Cf.* n. 3], selon lequel « les 48
preuves des sciences ne peuvent être comprises sans qu'elles B8rP
soient illuminées par quelque chose d'autre qui soit comme
leur soleil », il faut répondre que cela est vrai au sujet de la
vérité authentique et de la connaissance absolument infaillible. Mais elles peuvent être comprises d'une autre façon, dans
l'illumination de la lumière naturelle, comme il a été dit plus
haut. C'est pourquoi Augustin dit (*La Trinité*, XII) : « Il faut
croire que l'âme intellectuelle, par sa nature même, voit les
réalités qui relèvent naturellement, d'après le dessein du
Créateur, de l'ordre intelligible : elle les voit dans une lumière
immatérielle qui a sa nature propre, comme l'œil de chair voit
dans la lumière corporelle les objets qui l'entourent, lumière
qu'il est capable de recevoir et à laquelle il est ordonné par sa
création. »[1]

| Au quatrième <argument> [*Cf.* n. 4], selon lequel « tout ce 49
que l'âme pense ou tout ce sur quoi elle raisonne, il faut B8rQ
l'attribuer à cette lumière par laquelle elle est touchée », il faut
dire que cela est vrai des choses qu'elle pense, ou sur quoi elle
raisonne, en connaissant la vérité limpide. Mais pour les autres
choses, ce n'est pas nécessaire, comme il a été dit.

| Il faut répondre de la même façon au cinquième <argu- 50
ment> [*Cf.* n. 5]. Ou encore on peut y répondre que | voir le vrai B8rR
dans la vérité première, ce peut être ou bien comme <voir> W66
dans cela qui est l'objet vu d'emblée, ou bien comme <voir>
dans cela qui est seulement la raison faisant voir (*ratio
videndi*), ainsi qu'il sera exposé dans la prochaine question. De
la première façon, toute vérité est vue dans la première vérité,

---

1. Augustin, *La Trinité*, XII, c. 15, § 24 (BA 16, 256-258). Badius aussi
bien que Wilson donnent « mentis intelligibilis », le sens ainsi que le texte de la
Bibliothèque Augustinienne imposent « mentis intellectualis ».

sicut omne bonum in primo bono, quia quicumque videt verum
hoc aut verum illud videt verum simpliciter in universali, quod
Deus est, sicut qui videt bonum hoc vel bonum illud videt in
universali bonum simpliciter, quod Deus est[1], ut dicit
Augustinus VIII° *De Trinitate* et inferius determinabitur;
secundo autem modo non nisi veritas sincere visa, ut dictum
est. Et sunt isti duo modi cognoscendi verum, pulchrum,
bonum, etc., quae nobilitatis sunt in Deo et conveniunt
creaturis, notandi, quia de eis loquitur Augustinus in diversis
locis[2], quandoque secundum unum modum dicens non
cognosci bonum, pulchrum, verum, et huiusmodi in creaturis
nisi per verum, pulchrum, bonum in creatore, quandoque vero
loquitur secundum alium; sed omnis sua determinatio circa
hanc materiam vergit in unum illorum modorum.

51 | Argumenta duo in oppositum bene probant quod veritas
B8rS aliqua sine speciali illustratione divina ab homine possit sciri
et cognosci, non tamen probant quod sincera. Vel si velimus,
possumus dicere, et forte melius, quod homo ex puris natura-
W67 libus suis sine omni supernaturali illustratione divini | exem-
plaris assistentis potest per intellectum solum cognoscere
id quod verum est de re sequendo sensum, ut dictum est
supra, clarius tamen cernendo quod verum est quam sensus
cernat, quia « intellectus *subtilius apprehendit* et plus *infundi-
tur in substantiam receptibilis* quam sensus, qui solum

de même que tout bien <est vu> dans le premier bien, car quiconque voit ce vrai-ci ou ce vrai-là voit le vrai absolument dans l'universel qu'est Dieu, de même que celui qui voit ce bien-ci ou ce bien-là voit le bien absolument dans l'universel qu'est Dieu, ainsi qu'Augustin le dit dans *La Trinité*, VIII[1], et comme il sera expliqué par la suite ; tandis que de la deuxième façon, ce n'est que par la vérité en tant que vue de façon authentique, ainsi qu'il a été dit. Et ce sont là les deux modes, devant être notés, de la connaissance du vrai, du beau, du bien, etc., qui reviennent avec noblesse à Dieu et qui conviennent aux créatures, car c'est à leur sujet qu'Augustin parle en divers endroits[2], tantôt pour dire que selon l'un des modes le bien, le beau, le vrai, *etc.* n'est connu dans les créatures qu'en vertu du vrai, du beau ou du bien dans le créateur, et tantôt pour le dire de l'autre mode. Mais tout ce qu'il détermine à ce sujet porte sur l'un ou l'autre de ces modes.

| Les deux arguments pour l'opposé [*Cf.* n. 6-7] prouvent 51 effectivement qu'une certaine vérité peut être sue et connue **B8rS** par l'homme sans illumination divine spéciale, mais ils ne prouvent pas qu'elle est authentique. Ou bien si l'on veut, on peut dire, et sans doute mieux, <1> que l'homme par ses seuls moyens naturels, sans l'assistance d'aucune illumination surnaturelle du | modèle divin, peut par son seul intellect connaître **W67** ce qui est vrai de la chose en suivant la sensation, ainsi qu'il a été dit plus haut [*Cf.* n. 15], mais c'est alors en discernant plus clairement ce qu'est le vrai que le sens ne le discerne, car « l'intellect appréhende de façon plus subtile et il est davantage pénétré de la substance réceptible que le sens, lequel ne

---

1. *Cf.* Augustin, *La Trinité*, VIII, c. 3, § 4 (BA 16, 32-34).
2. *Cf.* Augustin, *Soliloques* I, c. 1, § 3 (BA 5, 26-30).

percipit *exteriora* secundum superficiem »[1], ut dicit Avicenna
in IX° *Metaphysicae* suae; quodque veritatem ipsam rei
nequaquam, sive in modico sive in multo, sine illustratione
divini exemplaris possit percipere; et quod exemplar abstractum a re ad hoc non sufficiat per se, sed oportet conceptum de
re ad exemplar acceptum a re determinari per divinum exemplar, ut si in illo conceptu debeat videre veritatem sinceram et
liquidam, clarius illustretur intellectus exemplari divino, et si
aliquo modo, quantumcumque tenui, etiam tenuiter | ipso
illustretur, et si nullo modo eo illustretur, nullo modo videat
ipsam veritatem, ut dicamus quod huius exemplaris praesen-
tatio secundum communem cursum vitae huius, quamquam
gratuito concedatur nec naturalia animae sic sunt ordinata ut
sua naturali operatione ad ipsum possint attingere, omnibus
tamen quantum est ex parte Dei aequaliter praesentatur, ut
unusquisque secundum dispositionem et capacitatem suam eo
illustretur, nisi exigente eminente | malitia aliquis mereatur ut
ei omnino subtrahatur, ne ullam veritatem omnino videat, sed
totaliter infatuetur in omni cognoscibili, ut in alio determinato
ne videat veritatem in eo, sed dilabatur in errorem quem mere-
tur – et sic secundum determinationem Augustini nulla veritas
videtur omnino nisi in prima veritate[2] –, et quod hoc est

perçoit que les choses extérieures par leur superficie »[1], ainsi que le dit Avicenne dans sa *Métaphysique*, livre IX; <2> qu'il ne peut absolument pas percevoir la vérité même de la chose, que ce soit un peu ou beaucoup, sans illumination du modèle divin; <3> que le modèle abstrait de la chose n'est pas suffisant par soi à cela, mais qu'il est nécessaire que le concept de la chose soit déterminé, par le modèle divin, à être le modèle reçu de la chose, de sorte que si, dans ce concept, on devait voir la vérité authentique et limpide, l'intellect serait illuminé avec davantage de clarté par le modèle divin, et si d'une certaine façon, aussi faible soit-elle, | <on voyait la vérité dans ce **B8v** concept>, c'est également faiblement qu'on serait illuminé par lui, et que si l'on n'est aucunement illuminé par lui, alors on ne voit aucunement sa vérité. De la sorte, nous dirions que cette présentation du modèle <divin> selon le cours commun de cette vie, bien qu'on concède qu'elle soit gratuite et que les facultés naturelles de l'âme ne sont pas non plus ordonnées de telle sorte qu'elles puissent l'atteindre par leur opération naturelle, pourtant du côté de Dieu elle est présentée de façon égale à tous, de sorte que tout un chacun en est illuminé selon sa disposition et sa capacité – à moins qu'il ne mérite, par une | malignité éminente, d'y être entièrement soustrait et qu'il **W68** ne puisse voir absolument aucune vérité, mais qu'il soit totalement rendu idiot envers tout connaissable, de sorte que dans toute chose déterminée il ne voie en elle aucune vérité, mais qu'il se disperse dans l'erreur qu'il mérite. Et c'est en ce sens que, selon les termes d'Augustin, toute vérité est vue dans la première vérité[2]. Il appartient par nature à la

---

1. Avicenne, *Mét.* IX, 7.
2. *Cf.* Augustin, *Soliloques* I, c. 1, § 3 (BA 5, 26-30).

naturale creaturae rationali, quod solum possit ex puris naturalibus in cognitionem eius quod verum est de re, et non ultra
in cognitionem ipsius veritatis nisi per illustrationem divini
exemplaris, et hoc propter eminentiam actus intelligendi
ipsam veritatem, ut dictum est supra.

52   Et secundum hanc viam ad primum argumentum in
oppositum, quod «nisi homo ex puris naturalibus posset in
cognitionem veritatis, frustra eam investigaret», dicendum
quod sine illa illustratione nec valeret homo eam investigare in
tantum ut ad veritatis notitiam ex puris naturalibus investi-
gando pervenire posset. Sed hic solum valet cum adiutorio
illius illustrationis, sic existente anima rationali in naturalibus
creata.

53 | Ad secundum, quod «homo naturaliter scire desiderat,
B8vT ergo potest scire ex puris naturalibus», dicendum quod verum
est, non tamen sic ut ipsam veritatem ex puris naturalibus
videat, sicut dictum est. Naturali enim appetitu bene desiderat
homo scire etiam illa quae sunt supernaturaliter cognoscenda,
W69 quae tamen secundum communem | illustrationem a divino
exemplari sine illustratione specialiori non posset attingere, ut
infra videtur.

créature rationnelle qu'elle accède seulement à la connaissance de ce qui est vrai de la chose par ses seuls moyens
naturels, et qu'au-delà <elle n'accède> à la connaissance de sa
vérité propre que par une illumination du modèle divin, et cela
à cause de l'éminence de l'acte de connaître cette vérité même,
ainsi qu'il a été dit plus haut.

Et de cette façon, nous devrons répondre au premier 52
argument pour l'opposé [*Cf.* n. 6], selon lequel « l'homme
chercherait en vain la vérité s'il était incapable de la connaître
par ses seuls moyens naturels », que sans cette illumination
l'homme, dans la mesure où il pourrait, en recherchant par ses
seuls moyens naturels, parvenir à une connaissance de la
vérité, n'aurait pas même la force de la rechercher, car il n'a en
l'occurrence de force qu'à l'aide de cette illumination, en tant
qu'elle existe par l'âme raisonnable créée parmi les choses
naturelles.

| Au second <argument> [*Cf.* n. 7], selon lequel « l'homme 53
désire naturellement savoir, il peut donc savoir par ses seuls **B8vT**
moyens naturels », il faut dire que cela est vrai, mais non pas de
telle sorte qu'il voie cette vérité par ses seuls moyens naturels,
ainsi qu'il a été dit. C'est bien en effet par un appétit naturel
que l'homme désire savoir également ce qui ne doit être connu
que surnaturellement; et que pourtant selon | l'illumination **W69**
commune il ne peut atteindre sans illumination spéciale,
comme on le verra plus loin.

UTRUM HOMO COGNOSCAT LUCEM DIVINAM
QUA COGNOSCIT ALIA

B8vA | Circa tertium arguitur quod cognoscendo aliqua speciali illustratione divina homo cognoscit illam lucem qua illustratur.

1   Primo sic. Augustinus dicit IX° *De Trinitate* cap.° 7°: «*In illa* arte *qua temporalia facta sunt omnia formam secundum quam sumus visu mentis conspicimus*»[1]. Illa autem est lux praedicta, quia, ut dicit Augustinus principio *Soliloquiorum*, «*Deus intelligibilis lux* est, *in quo et a quo et per quem intelligibiliter lucent quae intelligibiliter lucent omnia*»[2]. Ergo etc.

QUESTION 3

SI L'HOMME CONNAÎT LA LUMIÈRE DIVINE
PAR LAQUELLE IL CONNAÎT
LES AUTRES CHOSES

<ARGUMENTS POUR>

| Au sujet de la troisième question, on soutient que lorsqu'il **B8vA** connaît en vertu d'une certaine illumination divine spéciale, l'homme connaît cette lumière par laquelle il est éclairé.

Premièrement, ainsi. Augustin dit (*La Trinité*, livre IX, 1 chap. 7): «Dans cet art, par lequel toutes les choses temporelles ont été faites, nous apercevons, avec le regard de l'âme, la forme en vertu de laquelle nous sommes.»[1] Or il s'agit de la lumière dont on a parlé puisque, ainsi que le dit Augustin au commencement des *Soliloques*, «Dieu est la lumière intelligible dans laquelle, à partir de laquelle et par laquelle brillent comme intelligibles, toutes choses qui brillent comme intelligibles.»[2] Donc etc.

1. Augustin, *La Trinité*, IX, c. 7, § 12 (BA 16, 96).
2. Augustin, *Soliloques*, I, c. 1, § 3 (BA 5, 28).

2   Secundo sic. Augustinus dicit *De vera religione*: «*Lux omnium artium cum sit omnino immutabilis, mens vero, cui talem* artem *videre concessum est, mutabilitatem pati potest*»[1]. Si videre, ergo cognoscere.

3   Tertio sic. Augustinus dicit super Ioannem *Sermone* 35[a]: **W70** | «*Lumen et alia demonstrat et se ipsum*»[2], «*quia sine lumine non potes videre quodlibet aliud quod non est lumen. Si idoneum est lumen ad demonstrandum alia quae non sunt lumina, numquid in se defecit? Numquid se non aperit, sine quo aliud patere non potest?*»[3] Quasi dicat: «utique», ergo etc.

4   Quarto sic. I° Soliloquiorum cap.° 12° dicit Augustinus: «*Lux quaedam est* intelligibilis *et incomprehensibilis mentium. Lux ista vulgaris nos doceat, quantum potest, quomodo illa se habet*»[4]. Sed lux vulgaris non potest esse ratio videndi alia, quin ipsa simul videatur, quia est primum visibile, et ut dicitur I° *Perspectivae*, «lux *non* videtur *nisi admixta colori*»[5]. Ergo etc.

Deuxièmement, ainsi. Augustin dit dans *La Vraie* 2 *Religion* : « Si la lumière de tous les arts est absolument immuable, en revanche l'esprit, auquel il est permis de voir un tel art, est sujet au changement. »[1] Si <il est permis de le> voir, donc <également de le> connaître.

Troisièmement, ainsi. Augustin, dans le *Sermon* 35 sur 3 l'Évangile de Jean : | « La lumière fait voir les autres choses **W70** comme elle-même »[2], « car sans lumière tu ne peux voir tout ce qui n'est pas elle. Si la lumière est propre à mettre au jour toutes les autres choses, qui ne sont pas lumières, est-elle inutile à elle-même ? Ne peut-elle se manifester clairement, elle qui seule met en évidence les autres choses ? »[3] Et il dit presque : « c'est vrai dans tous les cas. » Donc etc.

Quatrièmement, ainsi. Au premier livre des *Soliloques*, 4 chapitre 12, Augustin dit : « Une certaine lumière est, pour l'esprit, intelligible et incompréhensible. Que la lumière vulgaire <c'est-à-dire sensible> nous enseigne, pour autant qu'elle le puisse, comment cette autre lumière se produit. »[4] Or la lumière vulgaire ne peut être une raison faisant voir d'autres choses, de telle sorte qu'elle ne soit pas elle-même vue en même temps, puisqu'elle est le premier visible. Ainsi qu'il est dit au premier livre de l'*Optique* : « la lumière n'est vue que mélangée à la couleur »[5]. Donc etc.

1. Augustin, *La vraie religion*, c. 30, § 56 (BA 8, 104).
2. Augustin, *Homélies sur l'Evangile de Jean*, traité 35, § 4 (BA 73A, 154).
3. Augustin, *Homélies sur l'Evangile de Jean*, traité 35, § 6 (BA 73A, 160).
4. Augustin, *Soliloques*, I, c. 13, § 23 (BA 5, 72).
5. Alhazen, *Optique*, I, c. 5, § 14.

5   Quinto sic. IX° *De Trinitate* dicit Augustinus : « *De illis
secundum illam iudicamus et illam cernimus rationalis
mentis intuitu* secundum *aciem mentis simplici intelligentia
capiendo* »[1].

6   Sexto sic. Augustinus dicit in *Epistola ad Consentium* :
« *Invisibili simplici mentis ac rationis intentione conspicimus
ipsum quoque lumen quo cuncta ista cernimus, quod tam nobis
certum est quam nobis efficit certa quae secundum ipsum
conspicimus* »[2].

7   In contrarium est illud quod dicit in *Epistola ad Italicam*
W71 | exponens illud Apostoli : « *Cum venerit Dominus et illumi-
nabit abscondita tenebrarum* »[3] : « *Erit ergo tunc mens
idonea, quae lucem illam videat, quod nunc nondum est* »[4].

<Solutio>

8   Dicendum ad hoc quod sic est in omni nostra
cognitione, tam sensitiva quam intellectiva, quod nihil cognoscitur a nobis, neque cognitione simplicis notitiae neque
cognitione discretiva, quin se habeat in ratione obiecti

Cinquièmement, ainsi. Augustin (*La Trinité*, IX) : « Nous 5 jugeons de ces choses d'après elle, et elle-même nous la discernons, par un regard de l'âme rationnelle, en vertu d'une acuité de l'esprit, en la concevant d'une intelligence simple. » [1]

Sixièmement, ainsi. Augustin dit dans la lettre à 6 Consentius : « C'est par une intention invisible et simple de l'esprit et de la raison que nous apercevons également la lumière même par laquelle nous discernons toutes ces choses ensemble, et qui nous est si certaine, qu'elle nous rend certaines les choses que nous apercevons par elle. » [2]

\<ARGUMENTS CONTRE\>

Pour l'opposé, nous avons ce qu'il dit dans la *Lettre à* 7 *Italique*, | en commentant ce verset de l'Apôtre : « Lorsque **W71** viendra le Seigneur, il illuminera les secrets des ténèbres » [3] : « L'esprit sera donc alors adéquat pour voir cette lumière, ce qui n'est pas encore le cas. » [4]

\<SOLUTION\>

Il faut répondre à cela qu'il en est ainsi dans toute notre 8 connaissance, tant sensible qu'intellective, que rien n'est connu par nous, ni par une connaissance du simple, ni par une connaissance qui sépare, qui ne se trouve dans la raison d'objet

---

1. Augustin, *La Trinité*, IX, c. 6, § 11 (BA 16, 96).
2. Augustin, *Lettre* 120, § 10.
3. *I Cor.* IV, 5.
4. Augustin, *Lettre* 92, § 2.

respectu virtutis cognitivae, ita quod illud quod est ratio
cognoscendi respectu alterius tantum, quod habet rationem
obiecti, nullo modo potest dici esse per se et in se cognitum a
nobis, ut puta species sensibilis in oculo, quia <quod> *ponitur
supra sensum nullum* potest *facere sensum*[1], neque species
intelligibilis informans intellectum. Lux autem divina
illustrans mentem in notitiam veritatis sincerae vel etiam
cuiuscumque solum se habet ut ratio intelligendi, non ut
obiectum visum et intellectum. Idcirco absolute dicendum est
quod sic alia facit videri, ut in se non videatur, nec simpliciter
nec distinctive. Cuius duplex est ratio : una quae sumitur ex
natura ipsius lucis; alia quae sumitur ex modo illustrationis
eius.

9 | Ratio igitur ex parte ipsius lucis est quod ipsa non est ratio
W72 cognoscendi sinceram veritatem in aliis sub ratione alicuius
generalis attributi Dei, quale a nobis cognoscibile est in hac
vita, ut infra videbitur, sed ut est ipsa divina substantia et ars
increata in suo esse particulari, quae ut obiectum sine lumine
gloriae in vita futura vel specialis gratiae in praesenti a mente
humana videri non potest, ut dictum est supra. Hac autem luce
B9r in hac vita non solum | a bonis, sed etiam a malis multae
veritates sincerae vel etiam omnes veritates qualescumque
videntur, secundum quod dicit Augustinus IX° *De Trinitate* :
« *Impii cogitant aeternitatem, et multa recte reprehendunt,*

relativement à la puissance cognitive, de sorte qu'une raison faisant seulement connaître une autre chose, laquelle possède la raison d'objet, ne peut d'aucune façon être appelée connue par nous par soi et en soi. Il en est ainsi de l'espèce sensible dans l'œil, car « ce qui est posé sur le sens ne peut produire de sensation »[1], et de même pour l'espèce intelligible informant l'intellect. Or la lumière divine, en éclairant l'esprit en une connaissance de la vérité authentique, ou bien également d'une vérité quelconque, se comporte uniquement comme une raison faisant intelliger, et non pas comme un objet vu et intelligé. Pour cette raison, il faut répondre absolument qu'elle fait ainsi voir les autres choses, de sorte qu'elle n'est pas vue en soi, ni simplement ni distinctement. La raison à cela est double : la première est tirée de la nature de cette lumière ; la seconde est tirée de son mode d'illumination.

| La raison tirée de cette lumière même est qu'elle 9 n'est pas elle-même une raison faisant connaître une vérité **W72** authentique dans d'autres choses sous la raison d'un attribut général de Dieu, par lequel il nous est connaissable en cette vie (comme on le verra plus loin), mais en tant qu'elle est la substance divine elle-même et l'art incréé dans son être particulier, qui ne peut être vu comme objet par l'esprit humain sans la lumière de la gloire dans la vie future, ou par une grâce spéciale à présent, ainsi qu'il a été dit plus haut. Or en cette vie, de nombreuses vérités authentiques, mais aussi toutes les sortes de vérités sont vues par cette lumière, non seulement | par les bons mais égale- **B9r** ment par les mauvais, ainsi que le dit Augustin dans *La Trinité*, IX : « Les impies eux-mêmes pensent à l'éternité, et c'est avec droiture qu'ils critiquent beaucoup de choses et

---

1. *Cf.* Aristote, *De l'âme*, II, c. 7, 419a 12-13, 26-27, 30-31.

recteque laudant in hominum moribus. Quibus tandem regulis
ea iudicant nisi in quibus vident quemadmodum quisque
vivere debeat, etiamsi non ipsi eo modo vivunt? Ubi scriptae
sunt nisi in libro lucis aeternae? »[1] etc. Frequenter etiam
veritatem vident in ea mali quam non possunt videre boni, ut
dictum est supra in quaestione proxima. Ipse etiam diabolus, si
quid veritatis sincerae vel etiam qualiscumque videt, in ipsa
videt, secundum quod dicit Augustinus *De sermone Domini in*
monte : «*Voce Dei*», inquit, «*audivit* quod voce veritatis
scriptae intus in mente sua *verum* aliquid *cogitavit*»[2]

10 | Ut autem ex modo illustrationis videamus quomodo ars
B9rB divina, quae est ipsa Dei essentia, in suo esse particulari
W73 possit esse ratio | cognoscendi et videndi alia, et tamen ipsa
nec cognoscatur nec videatur, considerandum est in simili
de visione oculi corporalis. In ipso enim ad completionem

qu'ils louent justement maintes choses dans la conduite des hommes. À quelles règles se réfèrent-ils pour porter ces jugements, sinon à celles dont ils voient comment chacun doit vivre, quand bien même eux ne vivent pas ainsi ? Où donc sont-elles écrites, sinon dans le livre de la lumière éternelle ? »[1] etc. Et les mauvais peuvent même souvent voir en elles la vérité que les bons ne peuvent voir, comme nous l'expliquerons dans la prochaine question. Et le diable lui-même, s'il perçoit quelque chose de la vérité authentique, ou bien même d'une quelconque vérité, le perçoit en cette lumière même, ainsi que le dit Augustin (*Sur le sermon du Seigneur sur la montagne*) : « Est-ce de la bouche de Dieu », demande-t-il, « qu'il a entendu ce que, par la voix de la vérité écrite dans son esprit, il a pensé de vrai ? »[2]

<Les trois conditions de la vision>

| Ainsi, pour que nous percevions sur le mode de 10 l'illumination comment l'art divin, qui est l'essence même **B9rB** de Dieu en son être particulier, peut être la raison | faisant **W73** connaître et voir les autres choses, bien qu'elle-même ne soit ni connue ni vue, il nous faut considérer par comparaison la vision de l'œil corporel. Dans son cas en effet, pour que

---

1. Augustin, *La Trinité*, XIV, c. 15, § 21 (BA 16, 402).

2. Augustin, *Sur le sermon du Seigneur sur la montagne*, II, c. 9, § 32 : « Si donc, lorsqu'une âme raisonnable, même aveuglée par la passion, pense et raisonne, il ne faut point lui attribuer ce qu'il y a de vrai dans son raisonnement, mais bien <l'attribuer> à la lumière de la vérité, qui l'éclaire encore quoique faiblement et en proportion de sa capacité. Faut-il s'étonner que l'âme perverse du démon, quoique égarée par la passion, ait appris par la voix de Dieu, c'est-à-dire par la voix de la vérité même, tout ce qu'elle pensait de vrai sur cet homme juste, au moment où elle voulait le tenter ? »

actus videndi, quo lux illustrat ad videndum aliud a se,
ut coloratum, tria requiruntur ex parte obiecti quod in nobis
operatur actum videndi, quibus in actu nostro sinceram
veritatem sive veritatem simpliciter intelligendi ex parte Dei
operantis ipsum in nobis respondent alia tria. Similitudinem
enim et proportionem habent ad invicem haec tria: videns,
visibile, et quo videmus, in sensu et in intellectu, secundum
quod dicit Augustinus Iº *Soliloquiorum: «Disciplinarum
quaeque certissima talia sunt, qualia illa quae sole
illustrantur, ut videri possint, veluti est terra* et *terrena omnia.
Deus autem ipse est qui illustrat. Ego autem ratio sum in
mentibus, ut in oculis est aspectus»* [1].

11   Primum illorum quae requiruntur in visu corporali est lux
illuminans organum ad acuendum. Secundum est species
coloris immutans eum ad intuendum. Tertium configuratio
determinans eum ad discernendum. Primum operatur lux, quia
in organo tenebroso virtus visiva iacet quasi obtusa, et nisi iste
actus lucis in oculo praecederet, numquam color suo actu
speciem suam immittendo oculo ipsum immutaret, nec vis
visiva aliquid conciperet, etiamsi sine luce species coloris in
organum se diffunderet, ut secundum hoc intelligamus quod

s'accomplisse l'acte de voir (grâce auquel la lumière, en éclairant, donne à voir ce qui est autre qu'elle, à savoir le coloré), trois choses sont requises du côté de l'objet qui produit en nous cet acte de voir, trois choses auxquelles correspondent, dans notre acte d'intelliger la vérité authentique (ou la vérité tout simplement), trois autres choses du côté de Dieu, en tant qu'il opère lui-même en nous. Ces trois choses que sont le voyant, le visible et le moyen de voir, possèdent en effet entre elles, dans le sens et l'intellect, similitude et proportion, ainsi que le dit Augustin (*Soliloques*, I) : « certaines vérités scientifiques indubitables sont comme les objets qui ont besoin d'être éclairés par le soleil pour être vus, comme la terre et les autres choses terrestres ; mais c'est Dieu lui-même qui illumine. Pour moi, qui suis la raison, je suis dans les esprits ce qu'est la faculté de voir dans les yeux. » [1]

La première des trois choses nécessaires à la vision 11 corporelle est la lumière qui illumine l'organe pour le stimuler. La deuxième est l'espèce de la couleur l'amenant à voir. La troisième est la configuration le déterminant à discerner. La lumière opère en premier, car dans un organe enténébré la puissance de la vue repose, pour ainsi dire insensible, et à moins que cet acte de la lumière ne se produise antérieurement dans l'œil, jamais la couleur, en envoyant par son acte son espèce dans l'œil, ne le changerait, pas davantage que la puissance de voir ne concevrait quoi que ce soit, quand bien même sans la lumière l'espèce de la couleur se diffuserait dans l'organe. C'est ainsi que nous comprenons ce que

1. Augustin, *Soliloques*, I, c. 6, § 12 (BA 5, 48).

W74 dicit Philosophus II° *De anima*: «*Color est* | *motivum* visus
secundum actum lucidi»[1].

12 | Sed hic est intelligendum quod lux potest se diffundere
B9rC in oculo a corpore luminoso dupliciter: uno modo aspectu
directo – sic non solum illuminat ad videndum alia a se, sed ad
se ipsum videndum et discernendum etiam immutat –; alio
modo potest se diffundere aspectu obliquo – primo directo
aspectu super visibilem colorem, secundo cum colore ad
visum. Sic autem solum ad videndum et manifestandum alia a
se illuminat. Si enim esset medium illuminatum et nullum in
directo aspectu ad oculum esset obstaculum quod visum in
se terminaret et sua luce aut colore immutaret, ut si medium
illuminatum esset infinitum, visus quasi sese erigendo
circumquaque se diverteret, quaerendo circumquaque si forte
occurreret aliquid quod intueri posset. Sicut modo species
coloris diffusa per totum medium a corpore colorato a quolibet
puncto medii facit se in visum, et tamen non immutat ad
intuendum se, nisi ut procedit directo aspectu a superficie
corporis colorati in quo color habet esse terminatum quo est
per se visibile, non autem in aliquo puncto medii. Hoc ergo est
secundum quod requiritur ad perfectum actum videndi species
secundum rectum aspectum diffusa a per se visibili, immutans
ad intuendum.

dit le Philosophe au livre II du *Traité de l'âme* : « la couleur est | ce qui meut à la vision en vertu de l'acte de ce qui est **W74** transparent. »[1]

| Mais il faut comprendre ici que la lumière peut se diffuser 12 du corps lumineux dans l'œil de deux façons : ou bien par une **B9rC** vision (*aspectus*) directe – de la sorte, elle n'illumine pas seulement pour faire voir d'autres choses, mais c'est elle-même également qu'elle conduit à voir et discerner ; ou bien elle peut se diffuser par une vision indirecte – d'abord par une action directe sur la couleur visible, ensuite par celle de la couleur sur la vue – et de cette dernière façon, elle illumine de sorte à seulement donner à voir et manifester d'autres choses qu'elle. Si, en effet, nous avions un milieu illuminé, et que dans la vision directe de l'œil il n'y avait aucun obstacle sur lequel, en l'affectant par sa lumière ou sa couleur, la vue puisse s'arrêter, tout comme si le milieu illuminé était infini, alors la vue, en s'éveillant, se tournerait dans toutes les directions, recherchant tout à l'entour s'il se trouve par hasard quelque chose qu'elle puisse regarder. De la même façon, bien que l'espèce de la couleur diffusée par le corps coloré à travers tout le milieu se rende visible en tout point du milieu, elle ne produit sa perception qu'en tant qu'elle procède, par une vision directe, de la surface du corps coloré, en laquelle la couleur possède un être terminatif par lequel elle est visible par soi, et non en quelque autre point du milieu. Telle est donc la deuxième chose requise pour un acte de vision parfait : une espèce diffusée, par une présence directe, par un visible par soi, lequel provoque la vision.

---

1. Aristote, *De l'âme*, II, c. 7, 418a31-b3.

13   Quia tamen per se et primo visibile, sicut lux aut color
ratione qua lux aut color est, non determinat dispositionem
W75 rei visae qua distinguitur | et distincte cognoscitur unum colo-
ratum esse differens et diversum ab alio, sed hoc facit solum
character figurae corporis colorati quem secum defert color
tamquam similitudinem et imaginem rei visae – similitudinem
ratione coloris, imaginem ratione characteris – et characterizat
visum perfecta similitudine et imagine rei visae. Hoc ergo
est tertium quod requiritur ad perfectum actum videndi,
transfiguratio determinans ad discernendum.

14 | His tribus respondent tria in visione intellectuali ex parte
B9rD Dei, qui est ratio operans actum intelligendi. Primo enim
est lux spiritualis oculum mentis illuminans ad visum eius
acuendum, *Ioannis* I° : « *Erat lux vera quae illuminat omnem*
hominem venientem in hunc mundum »[1]. Secundo est forma
sive species immutans eum ad intuendum, propter quod
dicitur *De spiritu et anima* cap.° 8° : « Anima, *nulla interposita*
natura, ab ipsa *veritate* formatur »[2]. Tertio est figura sive
character configurans eum ad discernendum. « *Est* enim *ars*

Cependant, ce qui est au premier chef et par soi visible, 13
comme la lumière ou la couleur en vertu de la raison par
laquelle elle est lumière ou couleur, ne détermine pas la disposition de la chose vue, disposition par laquelle un certain
coloré est distingué | et est connu distinctement comme étant **W75**
différent et distinct d'un autre. En effet, cela ne se produit que
par le caractère de la figure du corps coloré, que la couleur
présente avec soi comme étant une similitude et une image de
la chose vue – similitude par la raison de couleur, image par la
raison du caractère – et qui caractérise ce qui est vu au moyen
d'une parfaite similitude et image de la chose vue. Telle est
donc la troisième chose qui est requise à un acte parfait de voir,
à savoir la trans-figuration qui détermine au discernement.

<Les trois conditions de la vision intellectuelle du côté de Dieu>

| Dans le cas de la vision intellectuelle, à ces trois choses en 14
répondent trois autres du côté de Dieu, qui est la raison **B9rD**
produisant l'acte d'intelliger. Premièrement en effet, nous
avons la lumière spirituelle, qui illumine l'œil de l'esprit pour
l'ouvrir à la vision – *Évangile* de Jean (I) : « Il était une lumière
véritable qui éclaire tout homme venant en ce monde »[1].
Deuxièmement, nous avons la forme ou espèce qui le met en
mouvement pour produire la vision, ce pourquoi il est dit dans
L'esprit et l'âme, chapitre 8 : « L'âme, aucune nature n'étant
interposée, est formée par la Vérité même. »[2]. Troisièmement,
nous avons la figure ou le caractère qui le configure pour
qu'il puisse discerner. « Il est en effet un certain art de

---

1. *Jean* I, 9.
2. Anonyme, *Livre de l'esprit et de l'âme (Liber de spiritu et anima)*, c. 10.

*quaedam omnipotentis Dei plena omnium rationum viven-
tium*»[1], ut dicit Augustinus VI° *De Trinitate* cap.° ultimo. Et
ideo dicitur *Ioannis* I°. «*Quod factum est in ipso vita erat*»[2].
Sunt enim illae rationes tamquam omnium figurationum in
naturis rerum characteres et exemplaria perfectissima et
W76 | configurationes expressissimae.

15   Et est ipsa divina essentia respectu intelligibilis visionis
in oculo mentis, sicut illa tria respectu corporalis visionis in
oculo corporis, praeter hoc quod ipsa divina natura, quae
intima est omni rei, haec omnia facit non menti ut dispositio
eius inhaerendo, sicut inhaerent species lucis, species coloris,
species figurae oculo corporis, sed ipsi intime illabendo,
secundum quod dicitur *De Ecclesiasticis Dogmatibus*: «*Illabi
illi soli possibile est qui creavit*»[3]. Et facit ibi intima eius
praesentia ad visum intellectus ei assistendo quae faciunt
species visibilium in oculo corporis vel species intelligibilis
oculo mentis ei inhaerendo. Unde dicit Augustinus II° *De
libero arbitrio*: «*Transcende animum ut numerum sempiternum videas; iam tibi de ipsa interiori sede fulgebit et de ipso
secretario veritatis*»[4].

Dieu tout puissant, rempli de tous les principes des êtres vivants »[1], ainsi que le dit Augustin au dernier chapitre du livre VI de *La Trinité*. Et c'est pourquoi il est dit dans l'*Évangile* de Jean (I) : « Ce qui fut fait en lui était la vie »[2]. Ces raisons sont en effet comme les caractères, les modèles les plus parfaits et | les configurations les plus expressives de toutes les **W76** figurations des natures des choses.

Cette essence divine même est, relativement à la vision 15 intelligible dans l'œil de l'esprit, ce que sont ces trois choses relativement à la vision corporelle dans l'œil corporel, avec ceci de plus que cette nature divine elle-même, qui est intime à toute chose, ne produit pas toutes ces choses dans l'esprit comme une disposition inhérente – de la façon que l'espèce de la lumière, l'espèce de la couleur ou l'espèce de la figure sont inhérentes à l'œil corporel – mais en le pénétrant lui-même intimement, comme il est dit dans *Les dogmes ecclésiastiques* : « Ne peut leur être intime que celui qui les a créés »[3]. Et sa présence intime produit ici pour la vision de l'intellect, en l'assistant, ce que les espèces visibles produisent dans l'œil corporel, ou bien l'espèce intelligible dans l'œil de l'esprit, en y adhérant. C'est pourquoi Augustin dit dans le livre II *Du libre Arbitre* : « Dépasse l'esprit afin de voir le nombre éternel ; alors, depuis son trône intérieur et depuis le sanctuaire même de la vérité, il resplendira devant toi »[4].

---

1. Augustin, *La Trinité*, VI, c. 10, § 11 (BA 15, 496).

2. *Jean*, I, 3-4.

3. Gennade, *Les dogmes écclésiastiques*, c. 50.

4. Augustin, *Le libre arbitre*, II, c. 16, § 42 (BA 3, 356).

16   Et propter ista tria dicitur Deus a sanctis aliquando
ratio intelligendi ut lux, aliquando ut species sive forma,
aliquando vero ut exemplar sive idea vel regula. Sed tamen
in qualibet intellectuali cognitione perfecta est ratio intelligendi secundum haec tria, et secundum illa tria quae ponit
Augustinus I° *Soliloquiorum* cum dicit: «*Non est habere*
B9v | *oculos sanos quod aspicere, aut idem hoc est aspicere quod*
W77 *videre. Ergo anima<e> tribus* | *quibusdam rebus opus est ut*
oculos sanos *habeat quibus iam uti possit, ut aspiciat, ut*
videat»[1], quae quidem tria ratio videndi quae Deus est, faciat
in oculo mentis diversimode secundum illa tria.

17   Est enim primo ratio cognitionis ut lux, mentem
solummodo illustrando, ut ad intuendam sinceram veritatem
vel etiam simpliciter veritatem rei acuatur, non ut eam intuea-
tur et iam videat. Deus enim ut lux in mente non facit
illuminando nisi quod oculum mentis a nebulis pravarum
affectionum et fumo phantasmatum purget, et quasi spiritua-
lem sanitatem ei tribuat contra languorem caecitationis a
dictis affectionibus et phantasmatibus, quae passus fuerat, ad
modum quo lux materialis tenebras purgat in aere vel oculo

C'est à cause de ces trois <aspects> que Dieu est appelé par 16
les Saints raison d'intelliger tantôt en tant que lumière, tantôt
en tant qu'espèce ou forme, et tantôt en tant que modèle, idée
ou règle. Or dans toute connaissance intellectuelle parfaite, il
est la raison d'intelliger selon ces trois <requisits>, ainsi que
selon ces trois <conditions> que pose Augustin au livre I
des *Soliloques*, lorsqu'il dit : « Ce n'est pas la même chose
que d'avoir | de bons yeux, et de regarder ; et ce n'est **B9v**
pas la même chose que de regarder, et de voir. Ainsi l'âme
| a besoin de trois choses : avoir de bons yeux, pour pouvoir **W77**
s'en servir ; regarder ; et voir. »[1] – pour que par ces trois
<conditions>, la raison de voir qui est Dieu se produise dans
l'œil de l'esprit de diverses façons, à savoir selon les trois
<aspects> précédents <que sont la lumière, l'espèce et la
figure>.

<Dieu comme lumière>

En effet, il est en premier lieu la raison de la connaissance 17
en tant que lumière, raison qui éclaire seulement l'esprit de
sorte qu'il soit excité à regarder la vérité authentique (ou la
vérité tout simplement) de la chose, et non pas de sorte qu'il la
regarde et déjà la perçoive. Car Dieu, en tant que lumière dans
l'esprit, fait seulement par illumination que l'œil de l'esprit se
purifie des obscurités des affections mauvaises et de la fumée
des images, et qu'il reçoive de lui comme une santé spirituelle,
contre la langueur propre à la cécité causée par les affections et
les images dont nous avons parlé et dont il était affecté, de la
même façon que la lumière matérielle purifie l'air ou l'œil

---

1. Augustin, *Soliloques*, I, c. 6, § 12 (BA 5, 48-50).

corporis, in quibus etiam oculus diu persistens languorem contrahit cuiusdam caecitationis. Hinc Augustinus dicit XI° *De civitate Dei* cap.° 10⁶: «*Non inconvenienter dicitur sic illuminari anima luce incorporea simplicis sapientiae Dei, sicut illuminatur aeris corpus luce corporea, et sicut tenebrescit aer iste desertus luce, ita tenebrescere animam luce sapientiae privatam*»¹. Unde super illud *Threnorum*, ultimo, «*Converte nos et convertemur*»², dicit *Glossa:* «*Est quoddam velamen sensibus nostris obiectum quod nisi* **W78** *illuminatione Dei fuerit | remotum, converti non valemus*»³. Et eius remotio est cuiusdam sanitatis restitutio, secundum quod dicit I° *Soliloquiorum*, «*Oculi sani mens est ab omni* **B9vE** *labe corporis pura*»⁴. | «*Nihil*» enim, ut dicit consequenter, «*plus novi* quam *ista sensibilia esse fugienda, cavendumque magno opere* est, *dum hoc corpus agimus, ne quo eorum visco pennae nostrae impediantur, quibus integris perfectisque opus est, ut ad illam lucem ab his tenebris evolemus*»⁵.

18   Interim autem, ut dicitur ibidem, «*pro sua quisque sanitate ac firmitate comprehendit illud singulare* et *verum* lumen»⁶, et hoc differenter, secundum quod

corporel des ténèbres, dans lesquelles l'œil contracte la langueur, propre à une certaine cécité, qui persiste encore lorsqu'il revient au jour. C'est ainsi qu'Augustin dit dans *La Cité de Dieu* (XI, chap. 10) : « il est permis de dire que l'âme incorporelle est illuminée par l'incorporelle lumière de la sagesse simple de Dieu, comme l'air corporel est illuminé par la lumière corporelle, et de même que l'air privé de lumière s'obscurcit, ainsi s'enténèbre l'âme privée de la lumière de la sagesse »[1]. De même, sur ce verset de la fin des *Lamentations* : « Reviens à nous, et nous reviendrons à toi »[2], la Glose dit : « il y a un certain voile, posé sur nos sens, qui, s'il n'est ôté par une illumination de Dieu, | nous prive de la force de conversion. »[3] **W78** Or ôter ce voile consiste à restaurer une certaine santé, ainsi qu'il est dit dans les *Soliloques* (I) : « De bons yeux <pour l'esprit>, c'est l'esprit pur de la contagion des sens. »[4] | « Je ne **B9vE** connais », ainsi qu'il le dit de façon conséquente, « rien de mieux à faire : c'est de fuir ces choses sensibles et d'avoir grand soin, tant que nous sommes dans ce corps, que les ailes <de notre esprit> ne soient point prises dans leur glu, car nous avons besoin de toute leur force et de toute leur activité pour nous envoler des ténèbres jusques à la pure lumière »[5].

Or pour le moment, comme il le dit au même endroit, 18 « chacun, suivant sa santé et sa force, embrasse cette lumière singulière et vraie »[6], et cela de différentes façons, ainsi qu'il

1. Augustin, *La Cité de Dieu*, XI, c. 10 (BA 35, 66).
2. *Lamentations*, V, 21.
3. *Glose ordinaire sur les Lamentations*, V, 21.
4. Augustin, *Soliloques*, I, c. 6, § 12 (BA 5, 50).
5. Augustin, *Soliloques*, I, c. 14, § 24 (BA 5, 74).
6. Augustin, *Soliloques*, I, c. 13, § 23 (BA 5, 70-72).

determinat. Quorundam enim *oculi* mentis ita *sani et* rigidi
sunt, ut ad illud lumen immediate *se convertant*; qui per se
vera in illa luce vident, et non doctrina, *sed solu fortasse
admonitione indigent*[1]. Aliorum autem sunt qui non ad illud
lumen immediate se convertere possunt, sed ad lumen in
specie aliqua; qui debent paulatim manuduci et serenari, ut in
illud lumen aspicere valeant, sicut declarat in luce corporali
quod «quorundam *oculi* sunt ita *sani* et rigidi, *ut eos sine ulla
trepidatione in ipsum solem convertant*, quem *alii videre* non
possunt, sed *vehementer fulgore feriuntur, et eo non viso in
tenebras cum delectatione redeant. Et ideo *prius exercendi
sunt, primo* videndo *non* lucentia *per se, sed luce* illustrata, ut
W79 | lapides et ligna, *deinde* fulgentia, *ut aurum* et *argentum*,
deinde *ignem, deinde lunam, deinde fulgur aurorae*»[2].

19   Unde Plato, qui secundum Augustinum XIII° *De Trinitate*
«posuit *animas vixisse ante corpora*»[3] et liberam idearum
lucem percepisse, posuit quod animae nube corporis obumbra-
tae primo nullam habuerunt sincerae veritatis cognitionem in
idearum luce, sed solum phantasticam in luce creaturae, sed
quod abstractione a sensibus corporis semper magis ac magis
depurarentur et veritate sincera in idearum luce illustrarentur

le détermine. Car certains yeux de l'esprit sont à ce point sains et forts qu'ils se tournent immédiatement vers cette lumière et qu'ils voient en elle ce qui est vrai par soi, et cela non par un enseignement, « mais sans doute un simple avertissement peut leur suffire. »[1] D'autres, cependant, sont tels qu'ils ne peuvent se tourner immédiatement vers cette lumière, mais seulement vers la lumière qui est dans une certaine espèce, et ils doivent peu à peu être conduits et rassérénés pour qu'ils aient la force de regarder dans cette lumière, ainsi qu'il l'explique pour la lumière corporelle : « il y a des yeux si sains et si forts qu'ils se tournent sans aucune hésitation vers le soleil, tandis d'autres ne peuvent le voir mais ils sont éblouis par son éclat et, n'ayant pu le soutenir, ils retombent avec plaisir dans les ténèbres. C'est pourquoi il faut les exercer auparavant, en leur donnant d'abord à voir les choses qui ne brillent point par elles-mêmes, mais qui sont illuminées par une autre lumière, comme | des **W79** pierres et du bois ; ensuite des choses brillantes, comme l'or ou l'argent ; puis le feu, la lune, et enfin l'éclat de l'aurore. »[2]

C'est pourquoi Platon qui, selon Augustin (*La Trinité*, **19** XIII), « pensait que les âmes avaient vécu avant les corps »[3] et qu'elles avaient perçu la lumière libre des idées, soutenait que les âmes obscurcies par le voile charnel ne possédaient tout d'abord aucune connaissance de la vérité authentique dans la lumière des idées, mais seulement une connaissance imaginative dans la lumière de la créature, mais que par un détachement des sens corporels elles allaient se purifier toujours davantage et qu'elles seraient illuminées par la vérité authentique dans la lumière des idées par une

---

1. Augustin, *Soliloques*, I, c. 13, § 23 (BA 5, 70-72).

2. *Ibid.*

3. Augustin, *La Trinité*, XII, c. 15, § 24 (BA 16, 256).

quasi reminiscendo sub nube corporis oblita, ita quod in nuda
luce idearum, quae est divina essentia, veritates rerum videre
non poterint nisi totaliter a corpore et sensibus corporis vel
per mortem vel per raptum fuerint abstractae. Unde dicit
Augustinus I° *Soliloquiorum* quod «illa *lux se ostendere
dedignatur in hac cavea inclusis, ut ista vel effracta vel
dissoluta possint in aures suas evadere*»[1].

20   Et est advertendum quod lux ista, quando illuminat
mentem directo aspectu, tunc illuminat ad videndum tamquam
obiectum ipsam divinam essentiam, quae ipsa est. Quod modo
in vita ista facere non potest, quia infirma mens non valet in
directum huius lucis fulgorem aciem mentis figere, secundum
quod dicit Augustinus I° *De Trinitate* cap.° 2°: «Est *acies
W80 mentis* nostrae *invalida, nec in tam excellenti* | *luce figitur
nisi per* virtutem *fidei nutrita vegetetur*»[2], «*ut ad perceptionem incommutabilis veritatis imbecillem mentem observata
pietas sanet*»[3]. Sed haec sanitas, nisi vinculo corporis
solutae fuerint, eis advenire non poterit[4], secundum quod dicit
in *Epistola ad Italicam*, unde sumptum erat argumentum
ultimum: «*Cum venerit Dominus et illuminabit abscondita
tenebrarum et manifestabit cogitationes cordis*»[5], «*lux ipsa
qua illuminabuntur haec omnia, qualis aut quanta sit,*

quasi réminiscence, étant tombées dans l'oubli sous le voile charnel. Ainsi, elles ne pourraient voir les vérités des choses dans la lumière nue des idées, qui est l'essence divine, à moins d'être totalement détachées du corps et des sens corporels par la mort ou par un ravissement. De là qu'Augustin dit (*Soliloques*, I) que « cette lumière ne daigne se montrer à ceux qui sont encore enfermés dans la prison <du corps>, qu'autant qu'ils sont capables de voler dans les airs, quand cette prison se brise ou se dissout. »[1]

Et il faut savoir que cette lumière, lorsqu'elle illumine 20 l'esprit par une présence directe, l'illumine alors pour qu'il voie cette essence divine comme cet objet qu'elle est elle-même. Cela, il ne peut le faire en cette vie, car l'esprit infirme n'a pas la force de fixer le regard de l'esprit sur l'éclat direct de cette lumière, ainsi que le dit Augustin dans le premier livre de *La Trinité* (chap. 2) : « le regard de notre esprit est incapable de se fixer sur une | lumière aussi excellente, à moins de se nourrir **W80** et de se fortifier de la puissance de la foi »[2], « de sorte que notre esprit faible, guéri par une vigilante piété, obtienne la connaissance de l'immuable vérité. »[3] Or cette santé ne peut leur être donnée sans que le lien corporel ne soit défait[4], ainsi qu'il le dit dans la *Lettre à Italique*, là où a été pris le dernier argument : « Lorsque viendra le Seigneur, il illuminera les secrets des ténèbres et rendra manifestes les desseins des cœurs »[5], « cette lumière même, par laquelle toutes choses seront illuminées, quelle est-elle, ou bien à quel degré est-elle,

1. Augustin, *Soliloques*, I, c. 14, § 24 (BA 5, 74).
2. Augustin, *La Trinité*, I, c. 2, § 4 (BA 15, 94).
3. Augustin, *La Trinité*, I, c. 2, § 4 (BA 15, 96).
4. *Cf.* Augustin, *Lettre* 92, § 1-6.
5. *I Cor.* IV, 5.

quis lingua proferat? Quis saltem infirma mente contingat?
Profecto lux Deus est[1]. *Erit ergo tunc mens idonea, quae illam*
lucem videat, quod nunc nondum est »[2].

21 | Quando vero lux ista illuminat quasi obliquo aspectu a
B9vF   suo fonte, tunc illuminat ad videndum alia a se, sicut lux
obliquata a sole in medio illuminat ad videndum alia a sole,
non ipsum solem. Et ideo sicut lux ista solis materialis non
illuminat oculum ad videndum se nisi in recto aspectu, sed alia
tantum, sic divina lux, cum quasi obliquo aspectu illuminat,
solum illuminat ad videndum alia a se, se ipsam autem nequaquam. Sic autem illuminat secundum communem huius vitae
W81 | statum ad cognoscendum sinceram veritatem vel etiam
quamcumque rerum primo diffundendo se super species rerum
et ab illis in mentem ad formandum in ipso perfectum conceptum de re ipsa ad modum quo lux corporalis primo diffundit
se super colorem ad informandum visum perfectum oculi.
Et ita sicut « *color est motivum* visus *secundum actum lucidi*
corporalis »[3], sic res quaelibet intelligibilis per suam speciem
est motivum visus mentis ad sincerae veritatis vel etiam
qualiscumque cognitionem secundum actum lucidi spiritualis.
Debet autem ad propositum ista similitudo sufficere,

quelle langue peut le proférer? Qui, par son esprit infirme, peut au moins l'atteindre? Assurément, Dieu est cette lumière[1]. C'est donc l'esprit qui sera alors adéquat pour voir cette lumière, ce qui n'est pas encore le cas »[2].

| Cependant, lorsque cette lumière illumine de sa source 21 par une vision (*aspectus*) indirecte, alors en illuminant elle **B9vF** donne à voir d'autres choses qu'elle, de même que la lumière indirecte du soleil, en illuminant le milieu, donne à voir d'autres choses que le soleil, et non pas ce soleil lui-même. C'est pourquoi, de même que la lumière du soleil matériel n'illumine pas l'œil pour qu'il la voie elle-même (sauf s'il y a vision directe), mais seulement les autres choses, ainsi la lumière divine, alors qu'elle illumine par une vision indirecte, en illuminant donne seulement à voir d'autres choses que soi, mais absolument pas elle-même. Or c'est ainsi que, selon le statut commun de cette vie, elle illumine | pour faire connaître **W81** la vérité authentique (ou bien même quelconque) des choses, en se diffusant d'abord aux espèces des choses, puis à partir d'elles dans l'esprit, de sorte à former en lui le concept parfait de la chose même, de la même façon que la lumière corporelle se diffuse tout d'abord à la couleur de façon à informer l'œil d'une vision parfaite. Et c'est ainsi que, de même que « la couleur est ce qui meut à la vision en vertu de l'acte du corps transparent »[3], ainsi toute chose intelligible est le moteur par son espèce d'une vision de l'esprit en vue de la connaissance de la vérité authentique (ou même quelconque) selon l'acte de la transparence spirituelle. Or cette similitude doit suffire

1. *Jean*, I, 5.
2. Augustin, *Lettre* 92, § 2. Cf. *infra*, § 7.
3. Aristote, *De l'âme*, II, c. 7, 418a31-b3.

quia, ut dicit Augustinus I° *Soliloquiorum* cap.° 21°, «*Lux quaedam est* invisibilis *et incomprehensibilis mentium. Lux ista vulgaris nos doceat quomodo illa se habeat*»[1]. Sic ergo, in quantum Deus est ratio videndi et intelligendi sub ratione lucis illuminantis solum ad videndum alia a se, nullo modo hic a

B10r nobis cognoscitur | aut videtur, quia solum est ratio videndi, nullo autem modo obiectum visus.

22   Secundo modo Deus est ratio cognitionis ut forma et species mentem immutans ad intuendum, secundum quod dicit Augustinus II° *De libero arbitrio*: «*Anima quadam forma incommutabili* desuper praesidente et interius *manente formatur*»[2]. Quae, ut forma est, imprimit per modum indistinctae cognitionis ad modum quo species coloris apud visum, quae imprimit formam sine figurae determinatione; unde nullam distinctam cognitionem facit de re. Et quia in tali notitia adhuc est ut ratio solum disponens et formans indistinc-

W82 tos conceptus | mentis ad cognoscendum rerum veritates, non ut obiectum cognitum, ideo adhuc non solum non cognoscitur cognitione distinctiva, sed nec simplici notitia.

à cela, puisque, comme le dit Augustin (*Soliloques*, I, chap. 21) : «Une certaine lumière est, pour notre esprit, intelligible et incompréhensible. Que la lumière vulgaire <c'est-à-dire sensible> nous enseigne, pour autant qu'elle le puisse, comment cette autre lumière se produit.»[1] En tant que Dieu est raison faisant voir et intelliger sous la raison d'une lumière qui illumine de telle sorte à donner seulement à voir d'autres choses que soi, il n'est donc connu | ou vu par nous **B10r** d'aucune façon, car il est seulement raison faisant voir, et d'aucune façon objet vu.

<Dieu comme espèce ou forme>

Au second mode, Dieu est la raison de la connaissance en 22 tant que forme et espèce qui meut l'esprit à l'intuition, ainsi que le dit Augustin au livre II *Du libre Arbitre* : «L'âme est formée par une certaine forme immuable qui préside d'en haut et qui subsiste à l'intérieur»[2]. En tant que forme, elle s'imprime selon le mode d'une connaissance indistincte, de la même façon que dans la vision, l'espèce de la couleur imprime une forme sans détermination de figure, de sorte qu'elle ne produit aucune connaissance distincte de la chose. Et puisque dans une telle connaissance <Dieu> n'est encore qu'une raison disposant et formant des concepts indistincts | de **W82** l'esprit en vue de connaître les vérités des choses, et qu'il n'est pas objet connu, par conséquent il n'est pas encore connu d'une connaissance distinctive ni d'une connaissance simple.

---

1. Augustin, *Soliloques*, I, c. 13, § 23 (BA 5, 72). Cf. *infra*, § 4.
2. Augustin, *Le libre arbitre*, II, c. 17, § 45 (BA 3, 358-360).

23   Tertio modo est ratio cognitionis ut exemplar atque character transfigurans mentem ad distincte intelligendum, et hoc ratione aeternarum regularum in divina arte contentarum, quae conditiones rerum omnes et circumstantias exemplant tamquam figurae exemplares omnes angulos et sinus earum indicantes in quibus expressa rei veritas continetur, quam res ipsa in se continet habendo quidquid de ipsa suum exemplar repraesentat; quae in tantum falsa esset in quantum ab illa deficeret, sicut imago dicitur falsa in quantum deficit ab imitatione sui exemplaris. Et propter hoc proxima et perfecta ratio cognoscendi sinceram veritatem vel simpliciter veritatem de re quacumque, perfecta, distincta atque determinata cognitione, est divina essentia in quantum est ars sive exemplar rerum imprimens ipsi menti verbum simillimum veritati rei extra per hoc quod ipsa continens est in se ideas et regulas aeternas, expressissimas omnium rerum similitudines, quas imprimit conceptibus mentis; per quod etiam sigillat et characterizat ipsam mentem imagine sua et expressissima, sicut anulus ceram; quae «*non migrando, sed tamquam imprimendo, transfertur*»[1], ut dictum est.

<Dieu comme idée ou règle>

Au troisième mode, Dieu est la raison de la connaissance 23 en tant que modèle et caractère transfigurant l'esprit en vue d'intelliger distinctement, et cela au moyen de la raison des règles éternelles contenues dans l'art divin, lesquelles se donnent comme modèles pour toutes les conditions et circonstances des choses, en tant que figures originales indiquant tous leurs angles et courbures en lesquelles la vérité exprimée de la chose est contenue. <C'est cette vérité> que la chose elle-même contient en possédant en soi tout ce que son modèle représente d'elle, de sorte qu'elle serait fausse dans l'exacte mesure où elle s'en écarterait, de même que l'image est dite fausse en tant qu'elle s'écarte de l'imitation de son modèle. Et c'est pour cela que la raison proche et parfaite pour connaître la vérité authentique (ou bien simplement la vérité) de toute chose, par une connaissance parfaite, distincte et déterminée, est l'essence divine en tant qu'elle est art ou bien modèle des choses, imprimant dans cet esprit même le verbe le plus semblable à la vérité de la chose extérieure. Car elle contient elle-même et en soi les idées et règles éternelles les plus expressives de toutes les similitudes des choses, qu'elle imprime dans l'esprit par des concepts. C'est ainsi également qu'elle marque et caractérise cet esprit même par son image propre et la plus expressive, comme l'anneau marque la cire, <image> qui «est transférée non par passage, mais par impression»[1], comme il a été dit.

---

1. Augustin, *La Trinité*, XIV, c. 15, § 21 (BA 16, 402).

24   Si enim | verbum veritatis in mente de re quacumque
W83 est «*formata cogitatio ab ea re quam scimus*»[1], ut dicitur
XV° *De Trinitate* cap.° 9°, et «*veritas est adaequatio rei et
intellectus*»[2], verbum perfectum veritatis debet esse *formata
cogitatio* secundum summam et perfectam similitudinem
ad ipsam rem, quae non potest esse nisi exemplar illud aeternum, quod perfectam et expressissimam similitudinem rei in
se continet, [in] «*nulla ex parte dissimilem*»[3], ut dicit
Augustinus in fine *De vera religione*, quia «*plena* est *omnium
rationum* viventium»[4] et ideo expressissima omnium similitudo, ad quam omne quod est tamquam simile a simili produc-
tum est, et ad cuius imaginem et imitationem habet quidquid in
eo veritatis est. Propter quod dicit Augustinus IX° *De Trinitate*
cap.° 7°: «*In illa aeterna veritate visu mentis conspicimus,
atque inde conceptam rerum veracem notitiam tamquam
verbum apud nos habemus* quod *dicendo intus gignimus nec a
nobis nascendo discedit*»[5].

Si, en effet, | le verbe de la vérité de toute chose, présent 24 dans l'esprit, est une « pensée formée par cette chose que nous **W83** connaissons »[1], ainsi qu'il est dit au livre XV de *La trinité*, chapitre 9, et si « la vérité est l'adéquation de la chose et de l'intellect »[2], alors le verbe parfait de la vérité doit être une pensée formée selon la plus grande et parfaite similitude de cette chose même. Cette <pensée> ne peut être rien d'autre que le modèle éternel qui contient en soi la similitude parfaite et la plus expressive de la chose, « ne lui étant en rien dissemblable »[3], ainsi que le dit Augustin à la fin de *La vraie religion*, car elle est « pleine de toutes les raisons de ce qui vit »[4] et ainsi la similitude la plus expressive de toutes. C'est par elle que tout ce qui est, est produit en tant que semblable par le semblable, et c'est à son image et imitation qu'il possède tout ce qui est vérité en lui. C'est pourquoi Augustin dit (*La Trinité*, IX, chap. 7) : « Dans cette éternelle vérité, nous concevons, avec le regard de l'esprit, et de là nous possédons la connaissance vraie conçue des choses en tant que verbe que nous avons près de nous et qui est par nous engendré par une diction intérieure ; et ce verbe ne s'éloigne pas de nous par sa naissance »[5].

1. Augustin, *La Trinité*, XV, c. 10, § 19 (BA 16, 468).
2. Cf. *supra*, q. 2, § 38.
3. Augustin, *La vraie religion*, c. 55, § 113 (BA 8, 188).
4. Augustin, *La Trinité*, VI, c. 10, § 11 (BA 15, 496).
5. Augustin, *La Trinité*, IX, c. 7, § 12 (BA 16, 96).

25   Et nota quod licet talem conceptum perfectae similitudinis
in mente format solummodo divinum exemplar, quod est
causa rei, cum hoc tamen ad conceptus formationem necessa-
rium est exemplar acceptum a re, ut est species et forma rei a
phantasmate accepta in mente. Sine illa enim nihil de re
quacumque concipere potest intellectus noster in tali statu
vitae in quali sumus. Sine forma enim et specie generali habita
W84 de re non potest habere generalem de ea notitiam, sine | forma
speciali non potest habere notitiam specialem, et sine forma
particulari vel speciali particularibus conditionibus determinata non potest habere notitiam particularem. Quam exemplar
aeternum debet illustrare et cum ea in conceptu mentis ad
veritatem sinceram vel etiam veritatem simpliciter percipien-
dam impressionem facere, sicut lux corporalis illustrando
colores cum eis facit impressionem ad informandum visum, ut
sic verbum quod non est simillimum neque sincerae veritatis
seu etiam veritatis simpliciter expressivum, formatum a sola
specie et exemplari accepto a re, si tamen ad illud exemplar
sine adiutorio et impressione exemplaris aeterni verbum aliquod poterit informari, fiat simillimum et sincerae veritatis vel
etiam veritatis simpliciter expressivum solum ab exemplari
aeterno. Unde de Moyse, cuius nullam habemus notitiam
particularem per speciem ab ipso abstractam, nullum veritatis
verbum ad ipsum cognoscendum potest in nobis formari,

*<L'action conjointe du modèle créé et du modèle incréé
dans la connaissance présente>*

Cependant il faut noter que, bien que seul le modèle divin, 25 qui est cause de la chose, forme dans l'esprit un tel concept de la similitude parfaite, toutefois, pour la formation du concept, un modèle reçu de la chose est nécessaire, en tant qu'espèce et forme de la chose reçue dans l'esprit à partir d'une image. Sans cette forme en effet, notre intellect, au stade de la vie dans lequel nous sommes, ne pourrait rien concevoir d'une chose quelconque. Car sans forme et espèce générale obtenue de la chose, il ne peut avoir de connaissance générale à son sujet, sans | forme spécifique il ne peut en avoir de connaissance W84 spéciale, et sans forme déterminée au particulier ou à une espèce de conditions particulières, il ne peut en avoir de connaissance particulière. <C'est cette forme> que l'exemplaire éternel doit illuminer et il doit, avec elle, produire dans le concept de l'esprit l'impression permettant de percevoir la vérité authentique (ou même simplement la vérité), de même que la lumière corporelle, en illuminant des couleurs, produit avec elles l'impression pour informer la vision. C'est de cette façon que le verbe qui n'est pas le plus semblable ni expressif de la vérité authentique (ou même de la vérité tout simplement) et qui est formé par la seule espèce ou modèle reçu de la chose (si toutefois de ce modèle <créé> un certain verbe peut être informé sans aide et impression du modèle éternel) devient très semblable ou expressif de la vérité authentique (ou de la vérité tout simplement) à partir du modèle éternel. Ainsi, comme nous n'avons aucune connaissance particulière de Moïse par une espèce qui en soit abstraite, aucun verbe pour en connaître la vérité ne peut donc être formé en nous,

et cum Petrus vidit eum in transfiguratione ex sola specie recepta ab ipso, nescivisset quia Moyses fuisset, nisi specialem revelationem de eo habuisset.

26 | Ad videndum ergo formationem talis verbi in nobis et
B10rG mentis informationem ad cognitionem sincerae veritatis vel cuiuscumque, sciendum quod duplex species et exemplar rei debet interius lucere in mente tamquam ratio et principium cognoscendi rem : una scilicet species accepta a re, quae
W85 disponit mentem ad cognitionem ipsi | inhaerendo; altera vero est quae est causa rei, quae non disponit mentem ad cognitionem ei inhaerendo, sed ei illabendo et praesentia maiori quam inhaerendo, in ea lucendo. Istis siquidem duabus speciebus exemplaribus in mente concurrentibus, ut ex duabus confecta una ratione ad intelligendum rem cuius sunt exemplar, mens concipiat verbum veritatis perfecte informatae ad perfectam assimilationem veritatis quae est in re, in nullo disconvenientis, ut ad modum quo prima veritas sigillavit rem veritate quam habet in essendo, sigillet etiam mentem ipsam veritate quam habet in eam cognoscendo, ut eadem idea veritatis qua habet res suam veritatem in se, habeat de ea veritatem ipsa anima, ut sic sit expressa similitudo verbi ad rem ipsam et utriusque ad eius exemplar primum, sicut est expressa similitudo duarum imaginum in diversis ceris ab eodem sigillo et inter se et utriusque ad exemplar commune in ipso sigillo.

et lorsque Pierre l'a vu dans la transfiguration simplement par une espèce reçue de lui, il aurait ignoré qu'il s'agissait de Moïse s'il n'en avait pas eu une révélation spéciale.

| Pour comprendre, donc, la formation d'un tel verbe en 26 nous, et l'information de l'esprit permettant la connaissance **B10rG** de la vérité authentique (ou même quelconque), il faut savoir qu'une double espèce et modèle de la chose doit luire intérieurement dans l'esprit, en tant que raison et principe de connaître la chose : à savoir, une espèce reçue de la chose, qui, en adhérant à l'esprit, le dispose à la connaissance ; | une autre, qui est **W85** la cause de la chose, et qui ne dispose pas l'esprit à la connaissance en y adhérant mais en y pénétrant, par une présence plus grande qu'en y adhérant, en luisant en elle. Ces deux espèces ou modèles concourent dans l'esprit, de sorte qu'une seule raison étant réalisée à partir des deux en vue d'intelliger la chose dont ils sont les modèles, l'esprit conçoive le verbe de la vérité informée parfaitement, en vue de l'assimilation parfaite de la vérité qui est dans la chose et ne lui disconvenant en rien. De la même façon que la Vérité première a marqué de son empreinte la chose par la vérité qu'elle a dans son être, de même elle marque de son empreinte l'esprit lui-même par la vérité qu'il a en connaissant en elle. C'est ainsi par la même idée de la vérité, en vertu de laquelle la chose possède une vérité en soi, que cette âme même possède une vérité à son sujet, et c'est ainsi que s'exprime la similitude du verbe à la chose même et des deux à son modèle premier, de même que deux images obtenues dans deux cires différentes par le même sceau expriment une similitude entre elles, aussi bien que chacune envers le modèle qui est commun dans ce sceau.

27   Et sunt in conceptu huius verbi duo consideranda, ut
B10v perfecte discernamus | quid agat in eo exemplar temporale,
et quid exemplar aeternum. Est enim in eo considerare aliquid
materiale et incompletum, et aliquid formale et completum,
ut illud incompletum fiat perfectum et completum. Ex exemplari enim accepto a re habet quod materiale est in ipso, et
incompletam similitudinem ad veritatem rei, sicut ipsum est
similitudo rei incompleta, per quam ex puris naturalibus mens
W86 nata est | concipere veritatem rei incompletam, si tamen ad hoc
possit ex se sine exemplari aeterno, ut dictum est supra in
quaestione proxima, quia forte, sicut in fine illius quaestionis
dictum est, illud exemplar acceptum a re, quod dicitur similitudo rei incompleta, non sufficit ad hoc, ut mens ex solis naturalibus veritatem rei, etiam quantumcumque incompletam,
concipiat sine illustratione et informatione divini exemplaris.
Ex exemplari autem aeterno recipit complementum et informationem perfectam, ut sit verbum expressae similitudinis
ad rem extra, sicut ipsa species aeterni exemplaris per illius
ideam propriam est perfectissima similitudo, ad quam res ipsa
est producta, et per quam solummodo habetur de re in mente
vel simpliciter vel sincera veritas et infallibilis scientia.

28   Et cum tale verbum perfectae veritatis formatum fuerit in
anima, est ibi considerare tres veritates sibi correspondentes:

Deux choses doivent être considérées dans le concept de ce 27 verbe afin que nous discernions parfaitement | ce que produit **B10v** en lui le modèle temporel, et ce que produit le modèle éternel. Il faut en effet considérer en lui ce qui est matériel et incomplet, et ce qui est formel et complet, pour que ce dernier fasse de ce qui est incomplet quelque chose de parfait et complet. Á partir du modèle reçu de la chose, ce concept possède, en effet, ce qui est matériel en lui, ainsi qu'une similitude incomplète de la vérité de la chose, de même qu'il est lui-même une similitude incomplète de la chose, par laquelle l'esprit, par des moyens purement naturels, est apte | à **W86** concevoir une vérité incomplète de la chose – si toutefois elle le peut par elle-même et sans modèle éternel, comme il a été dit ci-dessus dans la précédente question, car sans doute, comme il a été dit à la fin de cette question, ce modèle reçu de la chose, et qui est appelé une similitude incomplète de la chose, ne suffit pas à ce que l'esprit, à partir de ses seuls moyens naturels, conçoive, sans illumination et information du modèle divin, une vérité de la chose, aussi incomplète soit-elle. Mais il reçoit du modèle éternel l'achèvement et l'information parfaite, de sorte à être un verbe de la similitude exprimée de la chose extérieure, de même que l'espèce du modèle éternel elle-même, par l'idée propre de ce modèle, est la similitude la plus parfaite, en vue de laquelle la chose même est produite, et qui est la seule par laquelle on possède dans l'esprit une vérité à propos de la chose (qu'elle soit vérité authentique ou vérité tout simplement) et une science infaillible.

<Les trois manifestations de la vérité>

Et comme un tel verbe de la vérité parfaite a été formé dans 28 l'âme, il faut ici considérer trois vérités qui lui correspondent :

primo veritatem exemplaris divini; secundo veritatem rei
productae ab illa; tertio veritatem in conceptu mentis ab
utraque expressam, quae est tamquam conformitas utriusque
et ex utriusque ratione concepta et menti impressa, qua mens
formaliter vera nominatur. Quantum enim est ex parte rei
extra, ratio conceptus illius est species eius apud animam;
quantum vero ex parte Dei, ratio eius est exemplar aeternum
lucens in eius intelligentia. Et quia ista species accepta a re est
imperfecta ratio conceptus dicti verbi, lux vero Dei est
perfecta ratio eius, ut dictum est, ideo dicit Augustinus I° libro
W87 *De libero arbitrio* quod in | cognitione veritatis rerum veritas
aeterna exterius « *admonet, interius docet, de illa nullus*
iudicat, sine illa nullus recte *iudicat* »[1]. Admonet quidem per
speciem acceptam a re, quam ad suam similitudinem produxit,
secundum quod dicit ibidem libro II° : « *O suavissima lux*
purgatae mentis sapientia! Non cessas innuere nobis quae
et quanta sis, et nutus tui sunt omne creaturarum genus »[2].
Docet autem per illam similitudinem eandem qua rem ipsam
produxit, « *ut dispositio cuiusque rei in esse sit sua dispositio*
in veritate et cognitione »[3].

premièrement, la vérité du modèle divin; deuxièmement, la vérité de la chose qui est produite par la première <vérité>; troisièmement, la vérité exprimée par les deux <vérités précédentes> dans le concept de l'esprit, et qui, en tant que conformité des deux et en tant que c'est par la raison des deux qu'elle est conçue et imprimée dans l'esprit. Elle est ce par quoi l'esprit est formellement nommé « vrai ». En effet, du côté de la chose extérieure, la raison de son concept est son espèce dans l'âme; mais du côté de Dieu, la raison <de ce concept> est le modèle éternel qui luit dans son intelligence. Et c'est parce que cette espèce reçue de la chose est une raison imparfaite du concept de ce verbe, tandis que la lumière de Dieu est sa raison parfaite, ainsi qu'il a été dit, qu'Augustin dit au premier livre *Du libre Arbitre* que dans | la connaissance de la vérité des **W87** choses, la vérité éternelle « avertit au-dehors, enseigne au-dedans; personne ne la juge et personne, sans elle, ne juge rien »[1] correctement. Elle avertit en vérité par l'espèce reçue de la chose, qu'elle produit à sa similitude, ainsi qu'il le dit au même endroit, au livre II : « Ô Sagesse, lumière très douce de l'esprit purifié ! Car tu ne cesses de nous signifier qui tu es et quelle est ta grandeur, et tes signes sont tous les genres des choses. »[2] Or elle enseigne par cette similitude même par laquelle elle a produit la chose même, « de sorte que la disposition de toute chose à l'être, soit sa disposition à la vérité »[3] et à la connaissance.

1. Augustin, *Le libre arbitre*, II, c. 14, § 38 (BA 3, 346).
2. Augutin, *Le libre arbitre*, II, c. 16, § 43 (BA 3, 356).
3. Aristote, *Mét.*, II, c. 1, 993b 30-31.

29   Unde patet quod peccant qui ponunt quod prima principia
et regulae speculabilium sunt impressiones quaedam a regulis
veritatis aeternae, et cum hoc non ponunt aliquam aliam
impressionem fieri aut informationem in nostris conceptibus a
luce aeterna quam illam solam quae fit a specie a re accepta
adiutorio lucis naturalis ingenitae[1]. Nisi enim conceptus
nostri a luce aeterna assistente nobis formarentur, informes
manerent nec veritatem sinceram vel etiam veritatem simpliciter continerent, ut dictum est. Nec potens est lumen naturalis
rationis ut ad ipsam concipiendam illuminare sufficiat, nisi
W88 lumen | aeternum ipsum accendat. Et ideo Augustinus docens
inquirere notitiam sincerae veritatis dicit *De vera religione :*
«*Noli foras ire, in te ipsum redi, ratiocinantem animam*
transcende. Illuc ergo tende, unde ipsum lumen rationis
accenditur»[2]. Unde nec bene dicunt quod Augustinus

<Contre Thomas d'Aquin>

On voit donc bien qu'ils se trompent, ceux qui posent que **29**
les premiers principes et les règles des objets de spéculation
sont certaines impressions des règles de la vérité éternelle,
mais sans aucune autre impression ou information qui soit
produite dans nos concepts par la lumière éternelle, que celle-
là seule qui se produit par l'espèce reçue de la chose avec l'aide
d'une lumière naturelle inengendrée[1]. En effet, si nos concepts
n'étaient pas formés avec l'assistance que nous procure la
lumière éternelle, ils subsisteraient informes et ne contien-
draient ni vérité authentique, ni même tout simplement aucune
vérité, ainsi qu'il a été dit. Et la lumière de la raison naturelle
n'est pas puissante au point de suffire à illuminer en vue de
concevoir cette vérité, à moins que la lumière | éternelle elle- **W88**
même ne l'embrase. Et c'est pourquoi Augustin, lorsqu'il dit
de rechercher la connaissance de la vérité authentique, nous
dit, dans *La vraie religion* : « Ne va pas au dehors, rentre en toi-
même, dépasse l'âme rationnelle. Tend ainsi jusqu'au foyer où
s'allume le flambeau de cette raison. »[2]. De sorte qu'ils ne
parlent pas non plus correctement, en soutenant qu'Augustin

---

1. Selon Thomas d'Aquin, les premiers principes de la connaissance, qui
sont comme des raisons séminales à l'origine de toute science, ont été insufflés
par Dieu dans notre esprit, et ils possèdent leur évidence immédiate par leur
similitude avec les raisons éternelles. Par ailleurs, Dieu a insufflé à l'homme la
puissance de l'intellect agent, lequel, dans le processus de la connaissance
purement naturelle, vient illuminer l'intellect, en le faisant passer de la
puissance à l'acte. Selon Henri, Thomas a donc réduit l'action de Dieu dans la
connaissance à la seule intervention d'une "lumière naturelle inengendrée", à
savoir celle de l'intellect agent. *Cf.* Thomas d'Aquin, *Somme Théologique*, I,
q. 84, art. 5 ; I, q. 88, art. 3, ad 1 m ; *Questions disputées sur la vérité*, q. 8, art. 7,
ad 3 m ; q. 10, art. 6, resp. ; q. 10, art. 6, ad 6 m ; q. 11, art. 1, resp. ; q. 11, art. 3, resp.

2. Augustin, *La vraie religion*, c. 39, § 72 (BA 8, 130).

intendit videri in regulis aeternis illa quae videntur in illis principiis, ut a luce tamen aeterna speciali illustratione non impressio.

<AD ARGUMENTA>

30 | Ad primum in oppositum, quod «*in illa* arte *qua*
B10vH *temporalia facta sunt formam secundum quam sumus mente conspicimus*», dicendum quod in illa arte tamquam in ratione conspiciendi illam formam conspicimus, non in se, sed in imagine sua quam verbo mentis nostrae imprimit, quod nos conspicimus. Et hoc est quod dicit IX° *De Trinitate* cap.° 9°: «*Cum deum novimus, fit aliqua Dei similitudo* in nobis, *inferior tamen quia in inferiori natura*»[1].

31   Per idem dicendum ad secundum quod menti concessum est illam artem videre in eo quod ab illa impressum est, sicut sigillum videtur in imagine sua impressa in cera.

32 | | Ad tertium quod lumen materiale monstrat se, tam ex
W89 recto aspectu a corpore luminoso quam aspectu reflexo ab
B10vI illo, directo tamen ab obstaculo obiecto utroque modo, per quandam necessitatem naturae, et ideo monstrando alia, in eo

voulait dire qu'on voit dans les raisons éternelles les choses mêmes qui sont vues dans ces principes, sans pourtant qu'elles soient imprimées par une illumination spéciale de la lumière divine.

<RÉPONSE AUX ARGUMENTS PRINCIPAUX>

| Au premier argument opposé <à notre réponse> [*Cf.* n. 1], 30 selon lequel « dans cet art, par lequel toutes les choses tem- **B10vH** porelles ont été faites, nous contemplons, par l'esprit, la forme en vertu de laquelle nous sommes », il faut répondre que, dans cet art en tant que raison faisant contempler, nous contemplons bien cette forme, non pas en elle-même, mais dans l'image qu'elle imprime par le verbe de notre esprit, et que nous-mêmes contemplons. C'est ce qu'il dit au livre IX de *La Trinité*, chapitre 9 : « Lorsque nous connaissons Dieu, cela produit en nous une certaine similitude de Dieu, bien qu'inférieure, car dans une nature inférieure. »[1]

C'est de même que l'on répondra au second <argument> 31 [*Cf.* n. 2] qu'il est bien accordé à l'esprit de voir cet art, mais en ce qui est imprimé par lui, de même que le sceau est vu dans son image qui est imprimée dans la cire.

| | Au troisième <argument> [*Cf.* n. 3] : la lumière maté- 32 rielle se montre elle-même, ou bien par une vision directe **B10vI** **W89** produite par un corps lumineux, ou bien par une vision réflexe produite par lui, ou bien encore <par une vision> directe produite par un objet qui fait obstacle <à cette source lumineuse> de l'une ou l'autre manière, et cela par une certaine nécessité de nature. Ainsi, en montrant d'autres choses, en tant

---

1. Augustin, *La Trinité*, IX, c. 11, § 16 (BA 16, 104).

quod est ratio videndi ea, non potest se occultare quin etiam
monstret se in ratione obiecti. Sed lux divina non monstrat se
nisi voluntarie, quando vult et quibus vult, et ideo bene potest
esse ratio videndi alia, licet non monstret se. Et quod non
monstrat se non est ex defectu suo quin possit se summe
monstrare. Sed non vult se monstrare nisi dispositis.

33   Per idem patet ad quartum quod non est omnino simile de
ista duplici luce.

34 | Ad quintum quod « *illam* lucem *cernimus simplici mentis*
B10vK *intuitu* », dicendum, ut dictum est, quod cernimus non in se,
sed in impresso ab ipsa, vel dicendum ad hoc et ad omnia alia
consimilia quod cernere sumit hic large pro intellectu attingere
quocumque modo, sive ut obiectum cognitum sive ut rationem
cognoscendi. Et verum est secundum dicta quod videndo alia
per istam lucem ipsam attingimus ut rationem cognoscendi,
W90 quod appellatur hic *cernere simplici mentis intuitu* et | conspici
et cognosci extendendo huiusmodi nomina.

35 | Ad sextum quod « *lumen hoc tam certum nobis est,*
B10vL *quam* reliqua *certa facit* », dicendum quod verum est, sed alio
et alio modo, quia alia facit nobis certa cognoscendo ea in

qu'elle est la raison qui les fait voir, <la lumière matérielle> ne peut elle-même s'occulter de telle sorte qu'elle ne se montrerait pas également elle-même dans la raison d'objet. En revanche, la lumière divine ne se montre que par la volonté <divine>, lorsqu'elle le veut et à qui elle le veut, et c'est pourquoi elle peut fort bien être une raison faisant voir d'autres choses, bien qu'elle ne se montre pas. Et qu'elle ne se montre pas, ne vient pas d'un défaut propre qui ferait qu'elle ne pourrait pas se montrer au plus haut degré, mais vient de ce qu'elle ne veut se montrer qu'à ceux qui sont disposés <à la recevoir>.

De même, au quatrième <argument> [*Cf.* n. 4], il est clair 33 qu'il n'y a pas une similitude complète entre ces deux lumières.

| Au cinquième <argument> [*Cf.* n. 5], selon lequel « nous 34 discernons cette lumière par une vision simple de l'esprit », il **B10vK** faut répondre, ainsi qu'il a été dit, que nous ne discernons pas en elle, mais dans ce qui est imprimé par elle. Ou encore, on répondra à cela, et à tous les arguments comparables, que « discerner » est pris ici au sens large de ce qui est « atteindre par l'intellect », quel qu'en soit le mode – que ce soit comme objet connu, ou comme raison qui fait connaître. Et il est exact, selon ce que l'on a dit, qu'en voyant d'autres choses par cette lumière, nous l'atteignons en elle-même en tant que raison qui fait connaître – ce qu'on appelle ici « discerner par une vision simple de l'esprit », ou encore | « apercevoir » et « connaître », **W90** en étendant, de cette façon, la signification des termes.

| Au sixième <argument> ' [*Cf.* n. 6], selon lequel 35 « cette lumière nous est si certaine, qu'elle rend certaines les **B10vL** autres choses », il faut répondre que cela est vrai, mais selon des modes différents ici et là, car elle nous rend les autres choses certaines en les faisant connaître dans leur

propria natura, se ipsum facit nobis certum cognoscendo ipsum in verbo cognito impresso ab ipso. Quod innuit per hoc quod adiungit in cadem auctoritate quasi exponendo quomodo se facit certum, cum subdit : « *Si autem aliquis splendor in nobis est qui* vera *sapientia dicitur, quantumcumque eius per speculum et in aenigmate capere possumus, oportet eam et ab omnibus corporibus et ab omnibus corporum similitudinibus* **B11r** segregemus* »[1]. | Illa autem eius certitudo in verbo impresso ab ipsa revera est « *speculum* et *aenigma* »[2], et ita cognitio in ipso est cognitio in speculo et in aenigmate.

nature propre, tandis qu'elle se rend elle-même certaine en se faisant connaître dans le verbe connu qui est imprimé par elle. C'est ce qu'<Augustin> nous indique par ce qu'il ajoute dans la même autorité, en nous exposant pour ainsi dire comment elle se rend certaine : « Mais si une certaine splendeur se trouve en nous, et qui est appelée "vraie sagesse", dans la mesure où nous pouvons la saisir dans un miroir et en énigme, il faut la séparer à la fois de tous les corps, et de toutes les similitudes corporelles. »[1]. | Or la certitude dans le verbe imprimé par elle **B11r** est « un miroir et une énigme »[2], et ainsi la connaissance en ce verbe est connaissance dans un miroir et par énigme.

---

1. Augustin, *Lettre* 120, § 11
2. *I Cor.* XIII, 12.

BIBLIOGRAPHIE

L'édition critique des œuvres d'Henri de Gand est en cours : *Henrici de Gandavo Opera Omnia*. De Wulf-Mansion Centre. Leuven University Press (Ancient and Medieval Philosophy, Serie 2). Pour les textes qui n'existent pas encore en édition critique, il existe des réimpressions d'éditions de la Renaissance de la *Summa* et des *Quodlibets* :

Summae quaestionum ordinariarum theologi recepto praeconio solennis Henrici a Gandavo, Parisiis, In aedibus J. Badii Ascensii, 1520. Réimpr. Franciscan Institute, St. Bonaventure, New York, 1955.

Quodlibeta, Parisiis, 1518. Réimpr. Louvain, Bibliothèque S.J., 220, Waversebaan, 1961.

Le texte des cinq premiers articles de la *Summa* existe en traduction anglaise :

Henry of Ghent's Summa of Ordinary Questions. Article one : On the Possibility of Knowing. Translated from the latin with an introduction and notes by Roland J. Teske. St Augustine's Press, South Bend, Indiana, 2008.

S'agissant de la littérature secondaire, Pasquale Porro a établi des bibliographies exhaustives des études portant sur Henri de Gand : pour la période 1837-1990, voir P. Porro, *Enrico di Gand. La via delle proposizioni universali*. Levante Editori, Bari, 1990, 175-198 ; et pour la période 1994-2002, voir *Henry of Ghent and the Transformation of the Scolastic Thought*, Leuven University Press, 2003, 409-426. La bibliographie donnée ci-dessous est exclusivement centrée sur les thèmes abordés dans l'introduction.

AUVRAY-ASSAYAS, C., *Cicéron*, Paris, Les Belles Lettres, 2006.

BÉRUBÉ, C., *De l'homme à Dieu, selon Duns Scot, Henri de Gand et Olivi*, Istituto storico dei Cappuccini, Roma, 1983.

BERMON, E., *Le cogito dans la pensée de saint Augustin*, Paris, Vrin, 2001.

BIANCHI, L., *Pour une histoire de la « double vérité »*, Conférences Pierre Abélard, Paris, Vrin, 2008.

BROWN, J.V., « Divine Illumination in Henry of Ghent », *RTAM*, n°41 (1974), 177-199.

– « John Duns Scotus on Henry of Ghent's Arguments for Divine Illumination: The Statement of the Case », *Vivarium*, n°14 (1976), 94-113.

– « Duns Scotus on the Possibility of knowing the Genuine Truth: the reply to Henry of Ghent in the "Lectura prima" and in the "Ordinatio" », *RTAM*, n°51 (1984), 136-82.

CHRÉTIEN, J.-L., *Saint Augustin et les actes de parole*, Paris, Presses Universitaires de France, 2002.

DEMANGE, D., *Jean Duns Scot. La théorie du savoir*, Paris, Vrin, 2007.

GRELLARD, C., « Comment peut-on se fier à l'expérience? Esquisse d'une typologie des réponses médiévales au problème sceptique » *Quaestio*, 4 (2004), 113-135

– « Jean de Salisbury. Un cas médiéval de scepticisme » *Freiburger Zeitschrift für Philosophie und Theologie*, 54 (2007), 16-40.

KIRWAN, C., « Augustine against the Skeptics », *in* Burnyeat (ed.), *The Skeptical Tradition*, Berkeley – Los Angeles – London, University of California Press, 1983, 205-223.

LAGERLUND, H., *Rethinking the History of Skepticism. The Missing Medieval Background*, Rome–Leiden–Boston, Brill, 2009.

MACKEN, R., « La théorie de l'illumination divine dans la philosophie d'Henri de Gand », *RTAM* n°39 (1972), 82-112.

MARRONE, S.P., *Truth and Scientific Knowledge in the Thought of Henry of Ghent*. The Medieval Academy of America, 1985.

– *The Light of Thy Countenance. Science and Knowledge of God in the Thirteenth Century*. Leiden – Boston – Köln, Brill, 2001.

PASNAU, R., « Who Needs an Answer to Skepticism ? », *American Philosophical Quaterly*, 33 (1996), 421-432.

– « Henry of Ghent and the Twilight of Divine Illumination », *Review of Metaphysics* 49 (1995), 49-75.

PERLER, D., Zweifel und Gewissheit : Skeptische Debatten im Mittelalter, Frankfurt am Main, Vittorio Klostermann, 2006.

PICHÉ, D., *La condamnation parisienne de 1277*, texte latin, traduction, introduction et commentaire par D. Piché, « Sic et Non », Paris, Vrin, 1999.

PICKAVÉ, M., *Heinrich Von Gent Uber Metaphysik Als Erste Wissenschaft*, Leiden-New York-Köln, E. J. Brill, 2007.

PORRO, P., *Enrico di Gand. La via delle proposizioni universali*, Levante Editori, Bari, 1990.

– « Il *sextus latinus* e l'immagine dello scetticismo antico nel medioevo », *Elenchos*, 15 (1994), 229-253.

– « *Sinceritas veritatis*. Sulle tracce di un sintagma agostiniano. » *Augustinus*, 39 (1994), 413-430.

SCHMITT, C. B., *Cicero Scepticus. A Study of the Influence of the Academica in the Renaissance*, The Hague, M. Nijhoff, 1972.

SPEER, A., « Certitude and Wisdom in Bonaventure and Henry of Ghent », in *Henry of Ghent and the Transformation of the Scolastic Thought*, Leuven University Press, 2003, 75-100.

TABLE DES MATIÈRES

HENRI DE GAND
SOMME DES QUESTIONS ORDINAIRES

Imprimerie de la manutention à Mayenne (France) - Décembre 2013 - N° 2134906W
Dépot légal : 4ᵉ trimestre 2013